Der Rosenkranz

Alfred Läpple

Der Rosenkranz

15 neue Andachten

Mit Anleitung, Liedern
und Meditationen

Pattloch Verlag

Mit kirchlicher Druckerlaubnis

München, 26. 11. 92   GV Nr. 8627/92/17

Dr. Robert Simon
Generalvikar

Pattloch Verlag, Augsburg
© Weltbild Verlag GmbH, 1993
Satz: Cicero Lasersatz, Augsburg
Gesamtherstellung: Ebner Ulm
Printed in Germany
ISBN 3-629-00591-8

Inhalt

Einführung 7

Das Rosenkranzgebet – aktuell? 11

   Beten lernen im Mitbeten 12
   Die Tröstung des Gemeinschaftsgebetes 14
   Die Wohltat der vertrauten Worte 15
   Meditation des Evangeliums 18
   Die Gegenwart Gottes im Gebet 21
   Wirkungsgeschichte des Rosenkranzes 23

Grundgebete des Rosenkranzes 27

   Das Apostolische Glaubensbekenntnis 27
   Das Vaterunser 32
   Gebet um die drei göttlichen Tugenden 34
   Das Ave Maria 36
   Die Gesätzchen des Rosenkranzes 38
   Ehre sei 44

Reihenfolge der Gebete des Rosenkranzes 45

Alte und neue Formen des Rosenkranzgebetes .. 51

Anleitung 53
  1. Der freudenreiche Rosenkranz 55
  2. Der schmerzhafte Rosenkranz 63
  3. Der glorreiche Rosenkranz 71

Inhalt

4. Der Altenberger Rosenkranz	79
5. Dank-Rosenkranz für die Schöpfung	89
6. Rosenkranz über das Geheimnis des Gottmenschen Jesus Christus	99
7. Rosenkranz über die Botschaft Jesu Christi	111
8. Dank-Rosenkranz für die sieben Sakramente	121
9. Bitt-Rosenkranz um die sieben Gaben des Heiligen Geistes	141
10. Bitt-Rosenkranz um kirchliche Berufe (KIM-Rosenkranz)	155
11. Rosenkranz zu den sieben Schmerzen Marias	167
12. Rosenkranz für die verfolgte Kirche	181
13. Bitt-Rosenkranz für die Einheit der Christen	193
14. Missions-Rosenkranz für die Ausbreitung des christlichen Glaubens	205
15. Bitt-Rosenkranz um den Frieden	217
16. Rosenkranz um eine gute Sterbestunde	231
17. Rosenkranz für die (einen) Verstorbenen	243
18. Rosenkranz um die Letzten Dinge	257

Anhang

Literaturhinweise	269
Liednachweis	271
Bildnachweis	272

Einführung

Warum haben unsere Vorfahren ihren Verstorbenen den Rosenkranz um die Hände geschlungen? Das Gebet, hier auf Erden immer wieder als Rosenkranz verrichtet, sollte nach der abgelaufenen Zeit der irdischen Pilgerschaft weiterklingen in der Liturgie der Ewigkeit. Betend sollte der Verstorbene hintreten vor seinen göttlichen Richter.

Der Rosenkranz in lebendiger Überlieferung

Der Rosenkranz ist in Vergangenheit und Gegenwart Kennzeichen des katholischen Christen. Die jahrhundertelange Überlieferung hat ihm eine feststehende, fast starre Form in den Gesätzchen des freudenreichen, des schmerzhaften und des glorreichen Rosenkranzes gegeben. Viele Anliegen unseres heutigen Glaubenslebens kommen daher in ihm nicht zum Tragen.

Dieses Büchlein greift eine Anregung des Theologen Hans Urs von Balthasar (1905–1988) auf, „das Rosenkranzgebet aus einer dem Geist Marias fremden Einengung – die leicht zu Eintönigkeit führt – zu befreien und es ihrem Geist entsprechend zu erweitern mit der Fülle der Heilsgedanken und der Großtaten Gottes für die Welt". Lebendige Tradition verwirklicht sich nicht in monotoner Repetition. Sie will in schöpferischer Identität das Rosenkranzgebet weiterdenken und in ihm die Anliegen einer gewandelten Zeit und einer schwieriger werdenden Glaubensgeschichte aufgreifen. In neuen Formen wird der Versuch unternommen, in schöpferischer Übereinstimmung und Kontinuität den Übergang vom vertrauten Rosenkranzgebet von gestern zum Rosenkranzgebet von heute und morgen zu vollziehen.

Meditative Begegnungen mit den Glaubensgeheimnissen

Die priesterlose Gemeinde ist das Zukunftsbild der katholischen Kirche in Deutschland und in vielen europäischen Ländern. Das Wort Gottes aus der Heiligen Schrift und das Gebet der Menschen werden stärker als bisher das Leben der christlichen Gemeinden bestimmen. Neue Formen und Gesätzchen des Rosenkranzes wollen in dieser schwierigen Phase dem pilgernden Gottesvolk helfen, den Glauben betend weiterzugeben und die Fülle der Heilsgeheimnisse meditierend zu erfahren.

Das Rosenkranzgebet ist gewiß kein Ersatz für den Bibel- und Katechismusunterricht. Ohne Zweifel lebt es von denselben Glaubensthemen, die im Religionsunterricht wie in der Gemeindekatechese vermittelt werden. Es will aber in anderer, nämlich in betender und meditierender Form, die Mysterien Gottes von den ersten Dingen der Schöpfung bis zu den letzten Dingen der Vollendung erschließen und vertiefen. Dazu sollen vor allem die vom Einzelbeter bzw. vom Vorbeter im gemeinschaftlichen Gebet gesprochene „Gesamteinstimmung" und auch die „Einstimmung" zu jedem einzelnen Gesätzchen eine Hilfe anbieten, die zum persönlichen Weitermeditieren anregen will.

Anregung zum persönlichen Weiterbeten des Rosenkranzes

Dieses Büchlein mit neuen Rosenkranzformen will modellhaft aufzeigen, wie die Glaubensbiographie des Einzelchristen, der Pfarrgemeinde und des Bistums in das Rosenkranzgebet mit einbezogen werden kann. Der Rosenkranz wird dann eine Überlebenschance haben, ja ein unsersetzliches Ferment des Glaubenslebens und der Glaubensüberlieferung sein, wenn er von den „Gesätzchen" der eigenen Lebensgeschichte durchzogen wird. Ihm kann die nicht hoch genug einzuschätzende Aufgabe zukommen, Lebensgeschichte mit all ihren Höhen und Tiefen zur Glaubensgeschichte werden zu lassen. Bei Johann Baptist Hirscher (1788–1855) findet sich das treffende Wort: „Betend lernt er beten."

Betend lernen wir beten.
Betend lernen wir glauben.
Betend lernen wir wieder glauben.
Betend lernen wir, in rechter Weise
Gott zu begegnen.

Das Rosenkranzgebet – aktuell?

Vor Jahrzehnten bereits hat Friedrich Heiler (1892–1967), ein exzellenter Kenner der Religionsgeschichte, festgestellt: Unter allen Weltreligionen werde im Christentum am wenigsten gebetet. Dieser Zustand dürfte sich in der Zwischenzeit gewiß verändert haben – jedoch nicht zum Besseren, sondern zu einer um sich greifenden Sprach- und Gebetslosigkeit.

Es ist eine tägliche Erfahrung, daß sich eine große Zahl von Christen mit der Verkümmerung und Verödung ihres Betens abgefunden hat – ohne Schmerz, ohne Trauer. Diese Menschen können ohne das Gebet leben, weil sie schon längst ohne Gott auskommen. Die „Gottesfinsternis", von der Martin Buber (1878–1965) geschrieben hatte, ist zwar dichter geworden, stellt aber für viele kein existentiell bedrängendes oder gar bedrückendes Problem dar.

In anderen Menschen dagegen taucht – und zwar nicht nur dann, wenn sie Gott brauchen – die Sehnsucht auf, wieder beten zu können – und dies aus unterschiedlichen Ursachen und Beweggründen. Wie oft kann man hören: Ich leide unter meinem schlechten Beten! Ich beneide jene, die beten können und in Gott Heimat und Geborgenheit finden! Wer von solchen Gedanken erfüllt ist, soll sich kräftig ermutigen und trösten lassen, denn er ist bereits – vielleicht ohne es zu wissen – auf dem Weg zum Gebet. Beten-Wollen ist die erste Voraussetzung, um beten zu können. „Schon der Wunsch zu beten, ist ein Gebet", wie Georges Bernanos (1888–1948) schreibt.

Beten lernen im Mitbeten

Wieder beten zu können wird nicht durch Theorien und Reflexionen eingeübt. Nach Jahren der religiösen Sprachlosigkeit ist das Gebet nicht plötzlich wieder „da" – nur weil man beten will. Es muß vielmehr langsam und vor allem mit anderen neu erlernt werden. Lebendiges Tun und Mitbeten mit anderen ist wie in vielen anderen Lebensbereichen auch hier der beste und erfolgreichste Lehrmeister. Wer immer den Wunsch hat, wieder zu beten, soll sich hineinnehmen und mittragen lassen vom Gebet anderer.

Wie ein Kind bei seinen ersten Gehversuchen die Hand ausstreckt, um sich führen zu lassen, so bedürfen auch die ersten „Gehversuche" des Betens der führenden und helfenden Hand eines Gebetsbegleiters. Von einem einzelnen, betenden Menschen Rat und Hilfe zu erhalten, ist sicherlich eine besondere Gunst. Der meist übersehene und zu wenig beachtete Halt jedoch, den Gott selbst allem suchenden Beten gewährt, ist die betende Gemeinschaft der Kirche – in den vielfältigen Gruppierungen und Altersschichten der Pfarrgemeinde, der Jugendgruppe, der Wallfahrtsgemeinschaft, der religiösen Vereinigung, der betenden Familie. Wie Glauben ein Mitglauben ist, so ist auch Beten ein Mitbeten, zu dem die Kirche immer wieder im Plural aufruft: Lasset uns beten!

Gewiß will der Einzelne, der neuen Zugang zum Gebet sucht, seine ganz persönlichen Anliegen und Nöte Gott vortragen und daher – ähnlich mißtrauisch wie Rainer Maria Rilke (1875–1926) – auf „das Telefon der Kirche" verzichten. Die eigene Erfahrung zeigt in der Regel aber bald, daß der Wunsch des ganz persönlichen Dialogs mit Gott sich nur dann bestmöglich erfüllt, wenn eine Heilung des Betens im gemeinschaftlichen Mitbeten vorausgegangen ist.

Dieses Mitbeten scheint manchem ein Umweg zu sein. Vor allem läßt es persönliche und emotionale Elemente zu wenig mitschwingen. Aber gerade das Mitbeten trägt entscheidend zur Ausheilung und Gesundung des Gebetes bei, weil es auf existentielle und emotionale Elemente weitgehend verzichtet und in die Vielfalt der Anliegen und Formen des Betens einführt. Nicht zuletzt bewahrt es vor einer egoistischen Einengung des Redens und Lebens mit Gott.

Daß leider das gemeinschaftliche Gebet in Pfarrgemeinden oder bei Wallfahrten nicht immer und nicht für alle „ideal" ist, mag bedauerlich, bisweilen sogar ärgerniserregend sein. Sehr häufig wird gerade beim Rosenkranzgebet über das „Herunterleiern" geklagt. Es ist richtig, wir sollten die kostbaren Worte des Vaterunsers wie des Ave Maria nicht „herunter"-beten, sondern „hinauf"-beten. Käme es nicht zu einer Verkrampfung des Betens, wenn man meinte, nur jenes Gebet sei gut und Gott wohlgefällig, bei dem jedes einzelne seiner Worte mit zentnerschwerer Bewußtheit und mit aufgeladener Gefühlsdichte ausgesprochen wird?

Die Tröstung des Gemeinschaftsgebetes

Weithin ist das Rosenkranzgebet gemeinschaftliches Beten. Dieses ist dadurch gekennzeichnet, daß der einzelne Beter seine Sprechgeschwindigkeit wie auch seine Tonhöhe in den gemeinschaftlichen Rhythmus und Klang einfügt und daß er zudem auf das Gebet der Gruppe hinhört und antwortet.

Der einzelne Beter fügt sich der betenden Gemeinschaft ein. Er übernimmt nicht nur den Gebetsrhythmus, sondern auch das jeweilige Thema des freudenreichen, des schmerzhaften oder des glorreichen Rosenkranzes. Damit stellt er seine persönlichen Anliegen zurück und fügt sie in den Themenkatalog der betenden Gemeinschaft ein.

Mancher Mensch gelangt in einer Stunde der Trauer oder der Enttäuschung, der Ausweglosigkeit oder Verzweiflung zu gemeinschaftlichem Rosenkranzbeten. Er befindet sich vielleicht in einer Situation der Sprechunfähigkeit, Stummheit, in der Beten noch nicht möglich ist. Aber man erlebt, daß andere beten, daß für die Nöte der Gemeinschaft gebetet wird. Und es eröffnet sich die Einsicht, daß auch die eigenen Nöte und Probleme vom

Gebet anderer mitgetragen und vor Gott gebracht werden. In dem Gefühl, nicht allein gelassen zu werden, liegt tiefer Trost.

Die Anliegen des einzelnen Beters werden dabei keineswegs ausgeklammert oder vergessen. Sie werden vielmehr in ein übergreifendes Gesamtanliegen hineingenommen und erfahren dadurch Unterstützung. Wie in einem dicken Drahtseil viele einzelne Drahtfäden zusammengefaßt sind und gerade durch ihre Bündelung große Tragfähigkeit entsteht, so erlebt auch das Beten des Einzelnen in der Vernetzung des Gemeinschaftsgebetes Verstärkung und Vertiefung.

Die Wohltat der vertrauten Worte

Viele Menschen, vor allem jene, die nach Gottesvergiftung und Glaubensverwirrung wieder beten wollen, sind dankbar und fasziniert, wenn sie Gebete in moderner, ungewohnter Formulierung und orientiert an modernen Fragestellungen, lesen oder hören. Sie spüren darin etwas von ihrem eigenen Ich wie von ihren Nöten und Erfahrungen mit Gott. Sie fühlen sich aus der Einsamkeit ihrer Gebetslosigkeit befreit und erleben ihre „religiöse Wellenlänge" im breiten „Sendefeld" vieler anonymer Mitmenschen. Nicht selten sind in modernen Gebeten Themen und Probleme der heutigen Gesellschaft aufgegriffen und ausformuliert: Endlich ein Gebet, in dem ich vorkomme und ernstgenommen bin!

Angesichts dieses durchaus verständlichen Aktualitätserlebnisses und Angesprochenseins sollte man „das tägliche Brot" der vertrauten Worte und Gebete nicht übersehen oder gar als bedeutungslos abtun. Wie Kindheitserlebnisse, Lieder und Bilder, Begegnungen mit Menschen und Orten in die Biographie und den Glauben jedes Menschen eingebunden sind, so sind es auch vertraute Gebete. Lange Jahre können sie verschüttet sein, um dann doch wieder ihre Bedeutung zu gewinnen.

Vertraute Gebete benötigen keine mühseligen und verkrampften Denk- und Formulierungsprozesse. Sie sind nach Jahren und Jahrzehnten ohne Beten in ursprünglicher Frische wieder da und setzen sanft und einladend einen religiösen Regenerierungsprozeß in Gang. Nicht erst die moderne Psychologie weiß die therapeutische Langzeit- und Heilwirkung vertrauter Erfahrungen zu schätzen und einzusetzen.

Vertraute Gebete wie das *Glaubensbekenntnis*, das *Vaterunser* und *das Gegrüßet seist du, Maria* haben dem Beter immer etwas zu sagen. Mancher Satz bleibt lange stumm. Durch irgendeine seelische Erfahrung, durch ein Ereignis in der unmittelbaren familiären oder beruflichen Umgebung oder auch auf der Bühne der großen Weltgeschichte geweckt, kann er zu reden beginnen und eine kaum geahnte Tiefendimension eröffnen.

Die Grundgebete der Christenheit treten uns durch große Ruhe und Einfachheit nahe. Sie kommen ohne Superlative aus. Sie verzichten auf Gefühlsergüsse.

Gerade dadurch können sie von Jung und Alt, von Menschen der unterschiedlichen Bildungsschichten und Berufseinsätze, in Stunden der Freude wie der Trauer gesprochen werden. Die großen und vertrauten Gebete der Christen sind nicht aufdringlich noch unterliegen sie einem spirituellen Dirigismus. Sie eröffnen vielmehr ein breites Spektrum, eine unerhörte Variationsbreite. Sie sind – um es musikalisch auszudrücken – einem mächtigen, gemeinsamen Kontrapunkt vergleichbar, über dem die Gebetsmelodie jedes Einzelnen erklingen kann.

In vertrauten Worten, mitgesprochen in einer Gemeinschaft, weiß der einzelne Beter sich nicht nur getragen und bestärkt. Er fühlt sich selbst dann noch eingebunden, wenn er nicht jedes einzelne Wort mit intellektueller Wachheit und in verkrampfter Anstrengung spricht, sondern einfach nur im gemeinschaftlichen Gebetsstrom mitgenommen wird.

Von der befreienden und heilenden Wohltat des Rosenkranzbetens schreibt Kardinal Michael von Faulhaber (1869–1952), der mit seiner Hausgemeinschaft täglich den Rosenkranz betete: „Ich gestehe, wenn mir bei dem Vielerlei meiner täglichen Arbeiten der Kopf müde und schwer wird, und wenn ich dann am Abend in der Hauskapelle den Rosenkranz ... im Hinblick auf die ewig alten und ewig neuen Geheimnisse unserer Erlösung bete, dann ist es mir wie ein Ausruhen des Geistes nach all der Hitze und Hetze des Tages".

Auch dann, wenn der einzelne Beter nur äußerlich betet, vermag sein Herz durchaus eigene Akzente zu setzen und eigene Motivationen einfließen zu lassen. Beim Gebet des Rosenkranzes gibt es vor allem zwei Anknüpfungsworte, zu denen die Gebete der Gemeinschaft wie des Einzelbeters immer wieder zurückkehren und wie aus einer Quelle neue Kraft schöpfen – die beiden Namen: *Maria* und *Jesus*. Geleitet von Maria werden Gemeinschaft und Einzelbeter hingeführt zu Jesus und zu den Gnadengeheimnissen der Erlösung und der Vollendung.

Meditation des Evangeliums

In seinem Apostolischen Schreiben (Marialis cultus) vom 2. Februar 1974 nannte Papst Paul VI. den Rosenkranz „ein evangelisches Gebet" (Nr. 44) mit „ausgesprochen christologischer Orientierung" (Nr. 46). „Die stete Wiederholung des Ave Maria ist gleichsam der Hintergrund, auf dem sich die Betrachtung der Geheimnisse entfaltet" (Nr. 46).

Das *Ave Maria* erreicht mit der Nennung des Namens „Jesus" seinen Höhepunkt. Mit dem Jesus-Namen werden im freudenreichen, schmerzhaften und glorreichen Rosenkranz, vor allem im sogenannten „Biblischen Rosenkranz" – auf den wir besonders eingehen werden – die Mysterien Jesu verbunden und dadurch in der Versenkung des Beters zum Klingen gebracht. Auf dem Fundament des Apostolischen Glaubensbekenntnisses – und damit eingefügt in das dankbare Glaubensgedächtnis der Kirche – werden im Rosenkranzgebet die Erlösungsgeheimnisse Jesu nicht zur kritischen Reflexion und Analyse vorgelegt. Sie wollen vielmehr – gerade durch die Kette der zehnmaligen Wiederholung, aber auch durch Vielfalt in den Registern und Tonarten – zur meditativen Begegnung werden: „... dieses Gebet ist ernst und flehend im Vaterunser; poetisch und frohmachend im ruhigen Fluß des Ave Maria; beschaulich in der aufmerksamen Betrachtung der Geheimnisse; anbetend im Gloria Patri" (Nr. 50).

Einfühlsam hat Kardinal Joseph Ratzinger in einer Predigt am 6. Juli 1984 in St. Peter, München anläßlich des 88. Deutschen Katholikentages das Geheimnis der Wiederholung erschlossen, das das Rosenkranzgebet kennzeichnet und von anderen Gebeten unterscheidet. Danach wiederholen wir Grundworte des christlichen Glaubens, „weil die großen Dinge durch Wiederholung nicht langweilig werden. Nur das Belanglose braucht die Abwechslung und muß schnell durch anderes ersetzt werden. Das Große wird größer, indem wir es wiederholen, und wir selbst werden reicher dabei und werden still und werden frei, indem wir in das Große eingehen ... So sagt uns der Rosenkranz, was wir gerade heute brauchen: uns Zeit nehmen für das Wesentliche. Tun wir es, dann werden wir wieder Zeit haben, stille werden, wiederholen, verweilen können, um so reicher zu werden und nicht mehr von den Abwechslungen hin und her gerissen werden zu müssen".

Das Rosenkranzgebet – aktuell?

Bibel – d. h. Vaterunser und erster Teil des Ave Maria – sowie kirchliche Überlieferung – d. h. Apostolisches Glaubensbekenntnis, zweiter Teil des Ave Maria, Gloria Patri und die 15 „Gesätzchen" – klingen im Rosenkranzgebet harmonisch zu einer Einheit zusammen. In dieser harmonischen Einheit läßt sich das Wirken des Heiligen Geistes erahnen, der ebenso den pfingstlichen Aufbruch des Anfangs bewirkte wie er sich in späteren Glaubensepochen als der von Christus verheißene „Weggeleiter in alle Wahrheit" (Johannes 16,13) erweist.

Wenn der Beter zum Rosenkranz greift, berührt er im Kreuz, in den Holzperlen und den verbindenden Metalldrähten ein Stück der sichtbaren Welt. Das zeitlich und materiell Sichtbare und Greifbare führt zum ewig-göttlich Unsichtbaren und Verborgenen (per visibilia ad invisibilia). Die Schöpfung, „die teilnimmt an der herrlichen Freiheit der Kinder Gottes" (Römer 8,21), wird Weggeleiter in das Gotteslob der Erlösten. Nicht wenige, die an ihrem Lebensabend stehen und deren Augen zu schwach werden zum Lesen, erleben und vollziehen im Ergreifen und Ertasten des Rosenkranzes mit dem Kontakt zur Welt auch den Kontakt zu Gott. Es war in früheren Zeiten ein großartiges Zeichen des Glaubens, den Rosenkranz um die Hände der Toten zu schlingen – Zeichen des endgültigen Hinüberschreitens aus der Zeit in die Ewigkeit.

Die Gegenwart Gottes im Gebet

Christliches Beten ist, äußerlich erlebbar, Mitbeten in einer betenden Gemeinschaft – im Atem und Glauben der Kirche. „Wann und wo ein Christ wirklich christlich betet, betet er als ein Teil der Kirche und deshalb kirchlich ... im Sinn und Geist Christ, der das Haupt und die Seele der Kirche ist" (Hans Urs von Balthasar).

Leider ist der eigentliche Höhepunkt und die mystische Realität christlichen Betens vielen Christen nicht bekannt, weil davon in der Glaubensverkündigung kaum oder zu wenig intensiv gesprochen wird. Aufschlußreiche Worte der Heiligen Schrift sind zwar geläufig. Nur selten werden sie aber in ihrer spirituellen Alltagserfahrung und Konsequenz mit dem Verständnis der christlichen Existenz verbunden. „... wo zwei oder drei in meinem Namen versammelt sind, da bin ich mitten unter ihnen" (Matthäus 18,20). Welche spirituelle Wirklichkeit meint das Jesuswort: „... ich bin mitten unter ihnen"?

In einem aufschlußreichen Text weist der Apostel Paulus auf hintergründige und doch reale Ereignisse des Gebetes hin: „Der Geist nimmt sich unserer Schwachheit an. Denn wir wissen nicht, worum wir in rechter Weise beten sollen; der Geist selber tritt jedoch für uns ein mit Seufzen, das wir nicht in Worte fassen können. Und Gott, der die Herzen erforscht, weiß, was die Absicht des Geistes ist: Er tritt so, wie Gott es will, für die Heiligen ein" (Römer 8,26–27).

Das Rosenkranzgebet – aktuell?

Im Zentrum gerade des gemeinschaftlichen Gebetes vollzieht sich eine geheimnisvolle, göttlich-menschliche Vereinigung und Mitwirkung. Sie ist wirklich und wirksam, wenn sie weder gedacht noch gefühlsmäßig erlebt wird. Gott kann in liebender Diskretion auch in den Schichten des Unbewußten und Unterbewußten mit einem Menschen verbunden sein – als der verborgene, nicht erlebbare, scheinbar abwesende Gott: „... in der weiten Tiefenschicht der menschlichen Person, im Unterbewußtsein, betet Christus weit mehr, als wir es uns vorstellen können. Verglichen mit der Unermeßlichkeit dieses verborgenen Betens Christi in uns, ist unser artikuliertes Gebet nur ein kleiner Teil" (Roger Schutz).

Gerade im Rosenkranzgebet sprechen wir in vielfältiger Wiederholung Worte der Heiligen Schrift (Matthäus 6,9–13; Lukas 1,28.42; 11,2–4), in denen Gott sich uns zugewandt hat. So haben sie nicht den Kontakt zu Gott verloren, sondern werden immer von Gott „mitgesprochen" (Römer 8,26–27). Dort aber, wo unsere Andächtigkeit und Konzentration ungewollt und aus menschlicher Schwachheit nachlassen, „nimmt sich der Geist unserer Schwachheit an" (Römer 8,26).

Gerade durch das „Mitsprechen" Gottes entgeht die sprachliche Wiederholung der biblischen Worte der Gefahr, zur Formel zu verblassen. Menschenworte erweisen in der Wiederholung sehr häufig ihre Dürftigkeit und verkümmern zur Hülse, zum Stereotyp. Die Wiederholung biblischer Worte beim Beten des Rosenkranzes bleibt erstaunliche Quelle des Lebens, weil sie vom lebendigen Gott begleitet und mit immer neuem Leben erfüllt werden.

Wirkungsgeschichte des Rosenkranzes

Niemals lassen sich Gebet der Menschen und Wirken Gottes in eine sicher nachweisbare Ursache-Wirkung-Beziehung bringen. Trotzdem ist dem Wort von Reinhold Schneider zuzustimmen, „daß ein großer Teil der in der Geschichte wirkenden Kräfte, und vielleicht sogar der entscheidende Teil, nur auf unzulängliche Weise erfaßt und eingeschätzt werden kann und somit häufig übersehen wurde. Unter diesen Kräften ist das Gebet die wesentlichste Kraft."

Bisweilen überfällt Menschen ein gewaltiges Erstaunen, daß Gott eine Welt, die sich um ihn nicht mehr kümmert, noch nicht richtet und bestraft, und daß der Herr der Geschichte immer wieder Zeichen seiner allmächtigen Gnadenführung in Zeit und Raum setzt, wie dies Papst Pius V. im Sieg in der Seeschlacht von Lepanto am 7. Oktober 1571 erkannte und auf das Rosenkranzgebet zurückführte.

An den großen marianischen Wallfahrtsstätten wie Lourdes und Fatima haben sich Wunder ereignet, festgestellt von medizinischen und kirchlichen Untersuchungsgremien. Niemand kann jedoch aufrechnen, wieviele Rosenkränze und andere Gebete der greifbaren

Erfahrung der Hilfe Gottes vorangegangen sind! Wieviele Heilungen der Seele und des Glaubens ereignen sich an unzähligen Wallfahrtsorten der ganzen Welt bei Kranken, die körperlich nicht geheilt werden und trotzdem nicht an Gott verzweifeln. Die meisten sind mit ihren Leiden und Gebrechen und mit einem gestärkten Glauben nach Hause gefahren. Keine irdische Statistik kann jene Wunder an Leib und Seele erfassen, die das Rosenkranzgebet erfleht hat.

Viele Kranke und Leidende, Sehbehinderte, Blinde, Taubstumme und Altersschwache verbinden mit dem Ergreifen und Berühren des geweihten Rosenkranzes einen Glaubensakt, der sie die tröstliche Nähe Marias spüren und auf ihre Fürsprache vertrauen läßt. Selbst in dunkler Nacht kann man die Perlen des Rosenkranzes durch seine Finger gleiten lassen, um sich mit all jenen zu vereinen, die zur gleichen Stunde in unterschiedlichen Nöten durch und mit Maria sich an Gott wenden.

Eines sollte aber nicht unerwähnt bleiben: Viele Rosenkranzbeter wurden von Gott nicht erhört. Lange haben sie darunter schwer getragen. Erst aus späterer Warte haben sie erkannt, daß gerade die erflehte Erhörung ihrer Wünsche nicht gut gewesen wäre und daß gerade die Nichterfüllung ihrer Anliegen den Weg in eine gute Zukunft mit Gott eröffnet hat. Erst im Jenseits werden wir das gesamte Kraftfeld der Wirkung des Gebetes, vor allem des Rosenkranzgebetes erfahren – was mit der Gnade Gottes gewirkt, aber auch, was durch die Gnade Gottes verhindert worden ist, was

Unheil und Hoffnungslosigkeit war und doch Hoffnung und Zukunft wurde, denn „wo die Sünde mächtig wurde, da ist die Gnade übergroß geworden" (Römer 5,20).

> „Maria ist immer die Straße,
> die zu Christus führt".
>
> Papst Paul VI.

Grundgebete des Rosenkranzes

Der Rosenkranz hat in seiner äußeren Gestalt wie in seiner spirituellen Bedeutung und in der Abfolge seiner Gebete bei den über den ganzen Erdkreis verstreuten christlichen Gemeinden unterschiedliche Formen. Wie sehr der Rosenkranz mit seinen greifbaren großen und kleinen Perlen als Zähl- und Gebetshilfe verstanden und geliebt wurde, kann der Bezeichnung „Petter" – bzw. „Betten" und „petl" – entnommen werden, die man ihm vom 16. Jahrhundert an gab und die sich in Oberbayern, z. B. im Werdenfelser Land und in Tirol, bis ins 20. Jahrhundert erhalten hat.

Das Apostolische Glaubensbekenntnis

Daß der Rosenkranz als Gebet der Kirche verstanden und mit der Kirche gebetet sein will, wird bereits an seinem Beginn, dem Apostolischen Glaubensbekenntnis, deutlich.

Grundgebete des Rosenkranzes

Das Apostolische Glaubensbekenntnis ist – wie es die Vignette des gleichnamigen Kreuzes, auch „Credo-Kreuz" genannt, verdeutlichen will – im Rhythmus des dreifaltigen Gottes, des Vaters, des Sohnes und des Heiligen Geistes, verfaßt. In seinem Mittelpunkt steht die Aussage über Jesus Christus. Das Apostolische Glaubensbekenntnis hat sich aus Kurzformeln des Glaubens (2. Jahrhundert), aus dem Altrömischen Glaubensbekenntnis (in der wissenschaftlichen Sprechweise mit dem Sigel R zitiert) und aus Tauf- und Bekenntnisformeln des 6. bis 8. Jahrhunderts entwickelt. Diese knappen Bekenntnissätze finden sich vor allem in den Paulusbriefen. Es handelt sich um urchristliche Aussagen, die Paulus selbst in der damaligen Gemeindeliturgie, bei Eucharistie- und Tauffeiern vorgefunden hat, und die somit älter sind als jede Schrift des Neuen Testaments (z. B. Römer 10,9; 1 Korinther 8,6; 12,3; 15,3–4; Epheser 4,5). Diese meist in der Liturgie verwendeten Bekenntnissätze waren Kurzfassungen der Verkündigung und des Gemeindeglaubens, zugleich aber auch Signale der kirchlichen Einheit, Aufrufe zum christlichen Leben, gewiß auch Glaubensregel gegenüber Glaubensirrtum.

Erstmals findet sich der lateinische Text des Apostolischen Glaubensbekenntnisses bei Rufin von Aquileia (gestorben 410) und zwar in seinem Werk „Commentarius in symbolum apostolorum" (n. 2). Seine einheitliche Form in der heutigen Abfolge (mit dem Sigel T zitiert) hat es vom 9. Jahrhundert an erhalten.

Eine späte Legende versuchte diesem Glaubensbekenntnis dadurch kirchliche Autorität zu verleihen, daß es auf die zwölf Apostel zurückgeführt – „Apostolisches" Glaubensbekenntnis – und in zwölf Glaubensartikel eingeteilt wurde.

Diese legendäre Überlieferung ist in dem Ambrosius (gestorben 397) zugeschriebenen Werk „Explanatio symboli" (n. 2) aufgezeichnet und hat folgenden Wortlaut: „Die heiligen Apostel kamen zusammen und machten die Kurzfassung des Glaubens ... Die Kürze war notwendig, auf daß wir es immer im Gedächtnis und im Herzen bewahren ... Ich sagte also: Die Apostel haben das Glaubensbekenntnis gebildet."

In einer dem Aurelius Augustinus (gestorben 430) zugeschriebenen Predigt (Sermo 240, n. 1) wird diese legendäre Überlieferung mit weiteren Details angereichert: „Am zehnten Tag nach der Himmelfahrt (= Pfingsten) waren die Jünger versammelt in Furcht vor den Juden. Da sandte ihnen der Herr den verheißenen Heiligen Geist. Alle wurden wie von glühendem Feuer entflammt; und mit der Wissenschaft aller Sprachen erfüllt, verfaßten sie das Glaubensbekenntnis. Petrus sagte: Ich glaube an Gott, den Vater, den Allmächtigen... Andreas sprach: Und an Jesus Christus...".

Gott – Vater

1. **Ich glaube an Gott,
den Vater, den Allmächtigen,
den Schöpfer des Himmels und der Erde,**

Grundgebete des Rosenkranzes

Gott – Sohn

2. und an Jesus Christus,
   seinen eingeborenen Sohn, unsern Herrn,
3. empfangen durch den Heiligen Geist,
   geboren von der Jungfrau Maria,
4. gelitten unter Pontius Pilatus,
   gekreuzigt, gestorben und begraben,
   hinabgestiegen in das Reich des Todes,
5. am dritten Tage auferstanden von den Toten,
6. aufgefahren in den Himmel;
   er sitzt zur Rechten Gottes, des
   allmächtigen Vaters;
7. von dort wird er kommen
   zu richten die Lebenden und die Toten.

Gott – Heiliger Geist

8. Ich glaube an den Heiligen Geist,
9. die heilige katholische Kirche,
   Gemeinschaft der Heiligen,
10. Vergebung der Sünden,
11. Auferstehung der Toten
12. und das ewige Leben.
    Amen.

Sehr vielen Christen ist kaum die tiefe inhaltliche Kluft aufgefallen, die sich im zweiten Teil, dem Christusbekenntnis, auftut – und zwar zwischen dem 3. und 4. Glaubensartikel: Im Apostolischen Glaubensbekenntnis wird der größte Teil des Lebens und Wirkens Jesu, wie es uns in den vier Evangelien überliefert ist, wortlos übergangen.

Ohne an Details aus der biblischen Kindheitsgeschichte Jesu zu erinnern und ohne auf die Botschaft oder das öffentliche wie das Heilswirken Jesu einzugehen, wird die Geburt Jesu unmittelbar mit seinem Tod verbunden. Die Erklärung hierfür liegt in einem kaum bekannten und beachteten Zusammenhang, der zwischen dem Apostolischen Glaubensbekenntnis und dem Rosenkranz bzw. den Rosenkranz-Gesätzchen besteht: Was im Glaubensbekenntnis nicht angesprochen oder nur kurz angedeutet wird, wird in den „Gesätzchen" verdeutlicht, ausführlicher behandelt, vertieft und sogar über die neutestamentlichen Aussagen hinaus weitergeführt.

Diese Weiterführung liegt beim „offiziellen" Rosenkranz in den Gesätzchen und Geheimnissen des freudenreichen, des schmerzhaften und des glorreichen Rosenkranzes vor. Diese sind stets vor dem Hintergrund des Apostolischen Glaubensbekenntnisses zu sehen und zu meditieren. Daß es aber noch ganz andere Möglichkeiten des „Weiterbetens" im Geiste der Heiligen Schrift gibt – und zwar unter Einbeziehung des Neuen, aber auch des Alten Testaments – soll gerade in dieser Rosenkranz-Anleitung aufgezeigt werden.

Grundgebete des Rosenkranzes 32

Das Vaterunser

Die großen Perlen, die in den Rosenkranz eingeflochten sind, markieren jedesmal einen Neuanfang, der wie das Läuten einer Glocke durch das Vaterunser gesetzt wird. Dieses ist die Gebetsanleitung, die Jesus Christus selbst seinen Jüngern gegeben hat: „So sollt ihr beten" (Matthäus 6,9). Mit Recht wird es „das Gebet des Herrn" genannt. Es ist auch das einzige Gebet, das über die Grenzen der christlichen Konfessionen hinweg in einheitlichem Wortlaut gesprochen wird. Das Neue Testament hat es in zwei Fassungen, in einer längeren (Matthäus 6,9–14) und in einer kürzeren (Lukas 11,2–4), überliefert. Die längere Fassung bei Matthäus ist in dieses Grundgebet der Christenheit eingegangen:

Anrede: **Vater unser im Himmel,**
Erste Bitte: **Geheiligt werde dein Name.**
Zweite Bitte: **Dein Reich komme.**
Dritte Bitte: **Dein Wille geschehe,**
Wie im Himmel so auf Erden.
Vierte Bitte: **Unser tägliches Brot gib uns heute.**
Fünfte Bitte: **Und vergib uns unsere Schuld,**
Wie auch wir vergeben unsern Schuldigern.
Sechste Bitte: **Und führe uns nicht in Versuchung,**
Siebte Bitte: **Sondern erlöse uns von dem Bösen.**

In der jahrhundertelangen Deutungsgeschichte wurde immer wieder versucht, im Vaterunser eine Gliederung zu entdecken. So glaubte man, in den drei ersten Bitten mit den Hinweisen auf „dein Name", „dein Reich" und „dein Wille" die Ausrichtung auf Gott zu erkennen. Von der vierten Bitte an wurde auf eine andere Zielrichtung verwiesen, die in den Bitten um das „tägliche Brot", um die Fähigkeit zu verzeihen, um den Beistand in Versuchungen und schießlich um die Erlösung aus der Macht des Bösen ausgesprochen ist. Darin glaubten manche, den Blick auf die vielfältigen Nöte der Menschen zu erkennen.

Wer jedoch das ganze Vaterunser auf sich wirken läßt, wird keine inhaltliche Schnittlinie, keinen Bruch in den sieben Bitten erkennen. Es handelt sich vielmehr um die Formulierung einer unlösbaren Verbindung Gottes mit den Menschen bzw. der Menschen mit Gott.

Die Bitten des Vaterunsers gleichen sieben Fenstern. Von verschiedenen Standorten und mit unterschiedlichen Perspektiven geben sie den Blick auf eine gewaltige Einheit und Durchdringung des Diesseits und des Jenseits frei. Überaus eindringlich vermitteln sie folgende Botschaft: Gott kann und will nicht ohne den Mitmenschen, nicht ohne seine Schöpfung gesucht, geliebt und verehrt werden.

Im Rosenkranzgebet übernimmt das Vaterunser nach der Vielzahl der Ave Maria die Funktion eines ruhenden Pols, der auf die Thematik eines neuen Gesätzchens einstimmen will. Alle menschlichen Anliegen, so groß und dringlich sie auch sein mögen, sollen immer wieder in das Gesamtthema des Christusgebetes eingefügt und so in ihrer Rangordnung gesehen werden.

Gebet um die drei göttlichen Tugenden

In der Perlenfolge des Rosenkranzes finden sich unmittelbar nach dem Kreuz, das zum Apostolischen Glaubensbekenntnis anleitet, und nach der ersten großen Perle, die für das Vaterunser steht, drei eng aneinander gereihte kleine Perlen. Sie wollen den Beter aufmerksam machen, daß mit den drei *Ave Maria* unmittelbar nach der Nennung des Namens „Jesus" eine geistliche Vorstufe mit drei wichtigen Anliegen betend durchschritten werden soll:

> **Jesus, der in uns den Glauben vermehre**
> **Jesus, der in uns die Hoffnung stärke**
> **Jesus, der in uns die Liebe entzünde**

Der Apostel Paulus (1 Thessalonicher 5,8) hat deutlich gemacht, daß Charismen vergehen, sicher aber bleiben „Glaube, Hoffnung und Liebe, diese drei; doch am größten unter ihnen ist die Liebe" (1 Korinther 13,13). Die Glaubens- und Frömmigkeitsgeschichte spricht hier von den „drei göttlichen Tugenden".

Die drei göttlichen Tugenden

Die Formulierung „*Ich* glaube ..." scheint auszudrücken, das Geschehen des Glaubens, der Hoffnung und der Liebe sei menschliche Entscheidung und Aktion. Dem gegenüber besagt die Bezeichnung „göttliche" Tugenden nicht nur, daß Gott im Mittelpunkt des religiösen Strebens und Sprechens steht: Die drei Gesätzchen der „göttlichen" Tugenden wollen eine ganz neue Dimension der Freundschaft Gottes mit den Menschen aufzeigen. In ihnen werden nicht wie in denjenigen des freudenreichen, des schmerzhaften und des glorreichen Rosenkranzes einzelne Szenen und Ereignisse der Heilsgeschichte zur dankbaren Betrachtung vorgelegt. In den Gesätzchen der drei göttlichen Tugenden ist der Akzent radikal anders. Sie nehmen eine mystische Wirklichkeit ernst, von der der Apostel Paulus schrieb: „Nicht mehr ich lebe, sondern Christus lebt in mir" (Galater 2,20).

Es ist nicht der Mensch, der seinen Glauben vermehren, seine Hoffnung stärken und seine Liebe entfachen kann. Es ist der im Christen gegenwärtige und wirkende Jesus, der angefleht wird, „in uns den Glauben zu vermehren, in uns die Hoffnung zu stärken, in uns die Liebe zu entzünden". Man spürt sofort, daß ein ganz neues spirituelles Ereignis Wirklichkeit werden soll, auf das der Rosenkranzbeter sich einstimmt. Angesprochen wird die personale Begegnung und Erfahrung, aus der allein Glaube, Hoffnung und Liebe resultieren, ja von der allein jegliches Heil kommt. Das Fundamentale allen Christseins liegt hier offen vor Augen: „Durch die Gnade Gottes bin ich, was ich bin" (1 Korinther 15,10).

Der Person des gekreuzigten und auferstandenen Jesus Christus muß man sich immer neu anvertrauen, auf Christus sich immer neu einstellen. Dieses „Sich-Einlassen" wird bald überraschen, bald verwirren, bald zu neuen Wegen und Wagnissen ermutigen und „dich führen, wohin du nicht willst" (Johannes 21,18). Jesus Christus ist der alles entscheidende Wegweiser vor und zu jedem Rosenkranzgebet. Nur wenn er die göttlichen Tugenden des Glaubens, der Hoffnung und der Liebe in uns stärkt und vertieft, kann dieses Gebet gelingen.

Hier wird jene überaus wichtige Stelle sichtbar, die aufzeigt, daß das Rosenkranzgebet gewiß menschliche Konzentration und religiöse Innigkeit braucht, daß es aber ohne das Mitwirken und Mitbeten Christi nur armseliges Menschenwerk, „dröhnendes Erz oder lärmende Pauke wäre" (1 Korinther 13,1). Glaube, Hoffnung und Liebe wachsen im Menschen nicht, weil *er* es will und weil *er* sich darum bemüht, sondern allein durch den menschgewordenen Sohn Gottes, den „einen und einzigen Mittler zwischen Gott und den Menschen" (1 Timotheus 2,5; Hebräer 9,15; 12,24).

Das Ave Maria

Das „Gegrüßet seist du, Maria" hat in seiner heutigen Gestalt eine lange Geschichte durchlaufen, innerhalb derer Worte der Heiligen Schrift mit Anliegen der Menschen zu einer Einheit zusammengewachsen sind:

Ave Maria

1. Gegrüßet seist du, Maria,
   voll der Gnade,
   der Herr ist mit dir.
2. Du bist gebenedeit unter den Frauen,
   und gebenedeit ist die Frucht deines Leibes,
   Jesus.
3. Heilige Maria, Mutter Gottes,
   bitte für uns Sünder
   jetzt und in der Stunde unseres Todes.

Das Ave Maria läßt sich in drei Abschnitte einteilen, von denen die beiden ersten dem Neuen Testament (1 = Gruß des Engels Gabriel: Lukas 1,28; 2 = Begrüßung Marias durch Elisabet: Lukas 1,42) entnommen sind. Der dritte, nichtbiblische Teil beruht auf den Gebetsanliegen der Menschen des ausgehenden Mittelalters wie der Reformationszeit. Im 13. Jahrhundert beschränkte sich das Ave Maria nur auf die beiden biblischen Teile, jedoch ohne Nennung des Namens „Jesus". 1568 wurde die heutige Gesamtform durch Papst Pius V. (1566–1572) im römischen Brevier vorgeschrieben, und dadurch auch der heutigen Gesamtform des Ave Maria der Weg in das Volksgebet geebnet.

Die Einfügung des Namens „Jesus" nach dem biblischen Abschnitt erwies sich als sprachliches wie spirituelles Meisterstück. Einerseits erreicht damit das gesamte Ave Maria seinen geistig-geistlichen Höhepunkt, andererseits erweist sich das Stichwort „Jesus" als ideales „Gelenk", um die biblischen Worte mit zentralen Anliegen und Sorgen der damaligen Menschen zu verbinden. Diese konzentrierten sich in der Bitte um die Fürsprache Marias, um die Gnade Gottes für die schuldbewußten und vor Gottes Gericht sich ängstigenden Sünder vor allem in der Stunde des Todes zu erlangen. Sehr deutlich tritt jenes bedrückende spätmittelalterliche Sündenbewußtsein zu Tage, das auch Martin Luther (1483–1546) peinigte – eng verbunden mit der Sorge um einen gnädigen Gott im Leben, vor allem aber im Sterben.

Die Gesätzchen des Rosenkranzes

Bezeichnung und Schreibweise „Gesätzchen" verweisen auf den Ursprung dieser Einfügungen, die mit dem Namen „Jesus" verbunden werden. Die neutestamentliche Heilsgeschichte sollte damals vor allem für die des Lesens und Schreibens Unkundigen in kurze, leicht einprägsame und abrufbare „Sätze", sogenannte „clausulae", aufgegliedert werden.

Es dürfte wohl Dominikus von Preußen, ein Mönch der Kartause St. Alban in Trier, gewesen sein, dem die

Gesätzchen zu verdanken sind. Er versuchte, jedem der 50 Ave Maria einen knapp formulierten Satz aus dem Leben Jesu anzufügen *(Leben-Jesu-Rosenkranz)*. Jedes einzelne Ave Maria wurde damals mit einem eigenen „Ge-sätz-chen" gebetet. Gedächtnis und Konzentration der Beter bzw. der Vorbeter waren mit der Einfügung der 50 Gesätzchen zwischen den 50 Ave Maria sicherlich sehr angestrengt. Die mitbetende Gemeinde hatte kaum Zeit zum besinnlichen Verweilen und Nachdenken, weil das nächste Ave Maria bereits wieder mit einem neuen Gesätzchen versehen wurde.

Daher bildete sich schließlich eine andere, jene uns geläufige Form des Rosenkranzes heraus, die umgekehrt jeweils ein einziges Gesätzchen mit 10 Ave Maria verbindet. Durch die zehnmalige Wiederholung des Gesätzchens soll das biblische Anliegen tiefer in das Denken und Beten eindringen. In drei großen Zyklen

der freudenreiche Geheimnisse
der schmerzhaften Geheimnisse
der glorreichen Geheimnisse

werden Leben und Wirken Jesu Christi in Verbindung mit dem Leben seiner jungfräulichen Mutter Maria und mit dem Geheimnis ihrer Voll-Erlösung in der himmlischen Herrlichkeit zu gläubiger Meditation vorgelegt. Dadurch mündet in das Rosenkranzgebet der Segen des

Neuen Testaments, der es zu einer meditativen Begegnung mit den Großtaten Gottes werden läßt, wie sie in der Heiligen Schrift aufgezeichnet sind. „Jede von Gott eingegebene Schrift ist nützlich zur Belehrung, zur Widerlegung, zur Besserung, zur Erziehung in der Gerechtigkeit; so wird der Mensch Gottes zu jedem guten Werk bereit und gerüstet sein" (2 Timotheus 3,17; vgl. Hebräer 4,12).

Die drei Rosenkranz-Zyklen liegen in der kirchlichen Gebetsüberlieferung in folgender Fassung vor:

Die freudenreichen Geheimnisse

Jesus, den du, o Jungfrau, vom Heiligen Geist empfangen hast
Jesus, den du, o Jungfrau, zu Elisabet getragen hast
Jesus, den du, o Jungfrau, geboren hast
Jesus, den du, o Jungfrau, im Tempel aufgeopfert hast
Jesus, den du, o Jungfrau, im Tempel wiedergefunden hast

Gesätzchen des Rosenkranzes

Die schmerzhaften Geheimnisse

Jesus, der für uns Blut geschwitzt hat
Jesus, der für uns gegeißelt worden ist
Jesus, der für uns mit Dornen gekrönt worden ist
Jesus, der für uns das schwere Kreuz
getragen hat
Jesus, der für uns gekreuzigt worden ist

Grundgebete des Rosenkranzes

Die glorreichen Geheimnisse

> Jesus, der von den Toten auferstanden ist
> Jesus, der in den Himmel aufgefahren ist
> Jesus, der uns den Heiligen Geist gesandt hat
> Jesus, der dich, o Jungfrau, in den Himmel
> aufgenommen hat
> Jesus, der dich, o Jungfrau, im Himmel
> gekrönt hat

Hinter diesen 15 Rosenkranz-Gesätzchen, die sich aus den 50 Rosenkranzklauseln des Kartäusermönchs Dominikus von Preußen herauskristallisiert haben, steht das Jesusbild des Spätmittelalters. Dieses wurzelt ebenso in der Heiligen Schrift wie in der Glaubenstradition der Kirche. Genauso unverkennbar ist auch die marianische Intention, die wie ein mächtiger Bogen sich vom ersten bis zum letzten der 15 Gesätzchen spannt. Die Thematik der 15 Rosenkranz-Geheimnisse weist Ähnlichkeiten, aber auch Unterschiede zu den Aussagen des Apostolischen Glaubensbekenntnisses auf, mit dem das Rosenkranzgebet beginnt. Als große Gemeinsamkeit ist der Umstand zu sehen, daß beide von der Geburts- und Kindheitsgeschichte – ohne die Zeitspanne des öffentlichen Wirkens Jesu zu erwähnen – den Sprung zur Passion Jesu machen. Aber selbst in dieser Übereinstimmung liegen noch deutliche Unterschiede: Die Gesätzchen sowohl des freudenreichen wie des schmerzhaften Rosenkranzes gehen auf zusätzliche Details des Lebens Jesu ein, während der glorreiche Rosenkranz die endzeitlichen Aussagen exemplarisch und ausschließlich auf die Aufnahme und Krönung Marias in der himmlischen Herrlichkeit konzentriert.

Es gibt aber auch Aussagen, in denen das Apostolische Glaubensbekenntnis detaillierter und aussagefreudiger ist als die Gesätzchen, so z. B. das außerordentlich wortkarge letzte Geheimnis des schmerzhaften Rosenkranzes verglichen mit dem 4. Artikel des Apostolischen Glaubensbekenntnisses. Dasselbe gilt für das erste und zweite Geheimnis des glorreichen Rosenkranzes, in Bezug gesetzt zu dem 5., 6. und 7. Artikel des Apostolischen Glaubensbekenntnisses.

Ehre sei

Im Rosenkranzgebet wird das „Ehre sei dem Vater und dem Sohn und dem Heiligen Geist ..." insgesamt sechsmal gebetet – erstmals nach den drei Ave Maria, die mit der Bitte um die Gaben der drei göttlichen Tugenden des Glaubens, der Hoffnung und der Liebe verbunden werden, und anschließend noch fünfmal nach den unter einem gemeinsamen Gesätzchen zusammengefügten 10 Ave Maria. Das *Ehre sei* ist ein Lobpreis des dreifaltigen Gottes, unter Nennung der drei göttlichen Personen, des Vaters und des Sohnes und des Heiligen Geistes.

Das *Gloria Patri* erscheint im Verlauf des Rosenkranzbetens wie ein Finale, das jeweils einen Gebetsabschnitt abschließt. Es wäre jedoch gründlich mißverstanden und völlig entwertet, würde man nicht gleichzeitig erkennen und auch geistlich umsetzen, daß jedes irdische Gebet letztlich in den Lobpreis des dreifaltigen Gottes, in das ewige „gloria trinitatis" einmündet. Die großen und kleinen Sorgen und Nöte des irdischen Lebens treten vor dem alles bestimmenden Grundakkord des dreifaltigen Lobes und Dankes zurück.

Alle Gebete des pilgernden Gottesvolkes sind Einübung in die Festfeier und Liturgie der Ewigkeit.

Reihenfolge der Gebete des Rosenkranzes

1. Im Namen des Vaters
   und des Sohnes
   und des Heiligen Geistes. Amen.

   Ich glaube an Gott,
   den Vater, den Allmächtigen,
   den Schöpfer des Himmels und der Erde,
   und an Jesus Christus,
   seinen eingeborenen Sohn, unsern Herrn,
   empfangen durch den Heiligen Geist,
   geboren von der Jungfrau Maria,
   gelitten unter Pontius Pilatus,
   gekreuzigt, gestorben und begraben,
   hinabgestiegen in das Reich des Todes,
   am dritten Tage auferstanden von den Toten,
   aufgefahren in den Himmel;
   er sitzt zur Rechten Gottes, des allmächtigen Vaters;
   von dort wird er kommen
   zu richten die Lebenden und die Toten.
   Ich glaube an den Heiligen Geist,
   die heilige katholische Kirche,
   Gemeinschaft der Heiligen,
   Vergebung der Sünden,
   Auferstehung der Toten
   und das ewige Leben. Amen.

Reihenfolge der Gebete des Rosenkranzes

Ehre sei dem Vater
und dem Sohn
und dem Heiligen Geist,
wie im Anfang,
so auch jetzt und alle Zeit
und in Ewigkeit. Amen.

Vater unser im Himmel,
Geheiligt werde dein Name.
Dein Reich komme.
Dein Wille geschehe,
wie im Himmel so auf Erden.
Unser tägliches Brot gib uns heute.
Und vergib uns unsere Schuld,
wie auch wir vergeben unsern Schuldigern.
Und führe uns nicht in Versuchung,
sondern erlöse uns von dem Bösen.

(dreimal mit jeweils einem der folgenden Gesätzchen)
Gegrüßet seist du, Maria,
voll der Gnade,
der Herr ist mit dir.
Du bist gebenedeit unter den Frauen,
und gebenedeit ist die Frucht deines Leibes,
(Jesus, der ...)

Jesus, der in uns den Glauben vermehre
Jesus, der in uns die Hoffnung stärke
Jesus, der in uns die Liebe entzünde

Heilige Maria, Mutter Gottes,
bitte für uns Sünder
jetzt und in der Stunde unseres Todes. Amen.

Ehre sei dem Vater
und dem Sohn
und dem Heiligen Geist,
wie im Anfang,
so auch jetzt und alle Zeit
und in Ewigkeit. Amen.

2. Vater unser im Himmel,
Geheiligt werde dein Name.
Dein Reich komme.
Dein Wille geschehe,
wie im Himmel so auf Erden.
Unser tägliches Brot gib uns heute.
Und vergib uns unsere Schuld,
wie auch wir vergeben unsern Schuldigern.
Und führe uns nicht in Versuchung,
sondern erlöse uns von dem Bösen.

(zehnmal mit Anfügung des ersten Gesätzchens)
Gegrüßet seist du, Maria,
voll der Gnade,
der Herr ist mit dir.
Du bist gebenedeit unter den Frauen,
und gebenedeit ist die Frucht deines Leibes
(Jesus, der ...)

**Heilige Maria, Mutter Gottes,
bitte für uns Sünder
jetzt und in der Stunde unseres Todes. Amen.**

**Ehre sei dem Vater
und dem Sohn
und dem Heiligen Geist,
wie im Anfang,
so auch jetzt und alle Zeit
und in Ewigkeit. Amen.**

3. Vater unser ...

   (zehnmal mit Anfügung des zweiten Gesätzchens)
   Gegrüßet seist du, Maria ...

   Ehre sei dem Vater ...

4. Vater unser ...

   (zehnmal mit Anfügung des dritten Gesätzchens)
   Gegrüßet seist du, Maria ...

   Ehre sei dem Vater ...

5. Vater unser …

   (zehnmal mit Anfügung des vierten Gesätzchens)
   Gegrüßet sei du, Maria …

   Ehre sei dem Vater …

6. Vater unser …

   (zehnmal mit Anfügung des fünften Gesätzchens)
   Gegrüßet seist du, Maria, …

   **Ehre sei dem Vater
   und dem Sohn
   und dem Heiligen Geist,
   wie im Anfang,
   so auch jetzt und alle Zeit
   und in Ewigkeit. Amen.**

Alte und neue Formen des
Rosenkranzgebetes

Anleitung

Für das gemeinschaftliche Rosenkranzgebet in alter und neuer Form seien hier einige Anregungen vermittelt:

- Die Einleitung des Rosenkranzes (Apostolisches Glaubensbekenntnis, Ehre sei, Vaterunser, drei Ave Maria mit den Gesätzchen der drei göttlichen Tugenden Glaube, Hoffnung und Liebe, und dem abschließenden Ehre sei) kann kniend oder auch stehend gebetet werden.
- Dann sollte man sich setzen und den weiteren Rosenkranz mit fünf oder auch sieben Gesätzchen (dann jeweils nur mit sieben Ave Maria) sitzend beten:
- Nach einer kurzen Stille wird hierbei zunächst vom Vorbeter (Priester, Diakon, Laie, Leiter der Gebetsgruppe) die „Gesamteinstimmung", später die „Einstimmung" zu den einzelnen Gesätzchen – gut verständlich, langsam, unpathetisch und doch mit innerer Anteilnahme – gesprochen. Eine kurze Weile lasse man verstreichen, um die Gedanken der „Gesamteinstimmung" bzw. der „Einstimmung" auf sich wirken zu lassen.
- Für den Fall, daß zwischen den Gesätzchen eine Strophe eines Liedes eingefügt wird, kann dies durchaus sitzend geschehen.
- Wird jedoch erst zum Abschluß des ganzen Rosenkranzgebetes ein Lied gesungen, sollte dies stehend getan werden.

1.
Der freudenreiche Rosenkranz

Nach der Einleitung (Apostolisches Glaubensbekenntnis, Ehre sei, Vaterunser, drei Ave Maria mit den Gesätzchen der drei göttlichen Tugenden Glaube, Hoffnung und Liebe, und dem abschließenden Ehre sei) folgt – nach einer kurzen Stille – die Gesamteinstimmung, gesprochen vom Vorbeter (Priester, Diakon, Laie). Auch den einzelnen Gesätzchen wird jeweils nach dem einleitenden Vaterunser eine Einstimmung vorangestellt.

Gesamteinstimmung

Mit wenigen Worten hat der Evangelist Johannes das Geheimnis der Menschwerdung des Gottessohnes umschrieben: „Und das Wort ist Fleisch geworden und hat unter uns gewohnt" (Johannes 1,14). Dieses Ereignis ist für alle Welt Anlaß der Freude, wie dies aus den Worten des Engels an die Hirten herauszuhören ist: „Ich verkünde euch eine große Freude, die dem ganzen Volk zuteil werden soll" (Lukas 2,10). Im freudenreichen Rosenkranz klingt das „neue Lied" (Psalm 32,3; Offenbarung 5,9) der Freude weiter, das den Weg des pilgernden Gottesvolkes begleitet.

(kurze Pause)

Einstimmung zum ersten Gesätzchen

> **„Den du, o Jungfrau, vom Heiligen Geist empfangen hast"**

Gott, der aus Nichts das gewaltige Universum erschaffen hat, setzte mit gleicher Allmacht durch die schöpferische Fruchtbarkeit des Heiligen Geistes den Anfang des irdisch-vorgeburtlichen Lebens seines ewigen Sohnes (Fest Verkündigung des Herrn am 25. März, neun Monate vor dem Fest der Geburt des Herrn am 25. Dezember).

Damit erfüllte sich das Verheißungswort, daß „die Jungfrau empfangen und einen Sohn gebären wird" (Jesaja 7,14; Matthäus 1,23; Lukas 1,35; Galater 4,4–5; Philipper 2,6–8). Die Menschwerdung des Gottessohnes bleibt ein Ereignis, das mit irdischen Wissenschaften nicht erhellt, nicht „hinterfragt", nicht erklärt werden kann. „Bei Gott ist kein Ding unmöglich" (Genesis 18,14; Ijob 42,2; Matthäus 19,26; Lukas 1,37).

Es gibt Wirklichkeiten, die man nur mit immer größerem Staunen, mit immer größerem Verwundern meditieren und betend umschreiten kann.

(kurze Pause)

Lied: Ave Maria des Lourdesliedes
(nach Abschluß der zehn Ave Maria und dem Ehre sei)

A - ve, A - ve, A - ve Ma - ri - a!

A - ve, A - ve, A - ve Ma - ri - a!

Text: Abbé Gaignet 1873–1874

Einstimmung zum zweiten Gesätzchen

„Den du, o Jungfrau, zu Elisabet getragen hast"

Zwei Frauen, die ein Kind erwarten, begegnen sich (Lukas 1,39–56): Elisabet und Maria.

Die Begegnung der beiden Mütter ist gleichzeitige, geheimnisvolle Begegnung der beiden werdenden Kinder. Elisabet grüßt Maria wegen der „Frucht deines Leibes" (Lukas 1,42). Mit unbekümmerter Freude spricht sie von einem vorgeburtlichen Ereignis, das sie als Mutter deutlich gespürt hat: „In dem Augenblick, als ich deinen Gruß hörte, hüpfte das Kind (Johannes der Täufer) vor Freude in meinem Leib" (Lukas 1,44).

Nur wenige Texte der Heiligen Schrift sprechen so selbstverständlich und so ehrfürchtig zugleich vom Leben und der Gegenwart der Ungeborenen. Hier liegt gerade heute ein wichtiger Impuls der Bibel – für unsere Ehrfurcht vor jedem Menschenleben, dem ungeborenen und dem geborenen, und vor der unantastbaren Menschenwürde.

(kurze Pause)

Lied: Ave Maria des Lourdesliedes (s. S. 57)
(nach Abschluß der zehn Ave Maria und dem Ehre sei)

Einstimmung zum dritten Gesätzchen

> **„Den du, o Jungfrau, geboren hast"**

Das große Geheimnis der stillen, heiligen Nacht wird vor uns lebendig: „Ihr werdet ein Kind finden, das, in Windeln gewickelt, in einer Krippe liegt" (Lukas 2,12). Das Kind „im lockigen Haar" erscheint vielen als ein Stück Kinderseligkeit – nicht aber als Herausforderung ihres Denkens und Lebens. Und doch – dieses Kind ist „der Retter" (Lukas 2,11) aus Nacht und Not. Das Ja zum Jesuskind von Betlehem schließt das Ja zum gekreuzigten und auferstandenen Christus ein.

Freudenreicher Rosenkranz

In dem Kind liegt das einzige, von Gott gesandte Heil. Wer nach anderen „Rettern" Ausschau hält, wartet vergebens. Es gibt keinen anderen „Mittler zwischen Gott und den Menschen" (1 Timotheus 2,5–6; Hebräer 1,1–4) als den menschgewordenen Sohn Gottes, Jesus, den Christus. „Wer bekennt, daß Jesus der Sohn Gottes ist, in dem bleibt Gott, und er in Gott" (1 Johannes 4,15).

(kurze Pause)

Lied: Ave Maria des Lourdesliedes (s. S. 57)
(nach Abschluß der zehn Ave Maria und des Ehre sei)

Einstimmung zum vierten Gesätzchen

> „Den du, o Jungfrau, im Tempel aufgeopfert hast"

Im Geiste gehen wir mit Maria und Josef und versetzen uns in das Ereignis der Darbringung Jesu im Tempel von Jerusalem (Lukas 2,21–38):

Der vom „Heiligen Geist" (Lukas 2,25.27) erfüllte Simeon spricht ein Rätselwort über Jesus: „Dieser ist bestimmt ... zum Zeichen des Widerspruchs" (Lukas 2,34). Jesus ist die Herausforderung aller Menschen. Es gibt ein Ja zu Jesus, aber auch ein Nein.

Formen des Rosenkranzgebetes 60

Seinen Getreuen erspart Jesus nicht Verkennung, noch Verspottung und Verfolgung. Was der greise Simeon Maria prophezeit, die als Schmerzensmutter unter dem Kreuz stehen wird, gilt früher oder später für jeden Christen: „Deine Seele wird ein Schwert durchdringen" (Lukas 2,35).
Christusnachfolge heißt Kreuzesnachfolge.

(kurze Pause)

Lied: Ave Maria des Lourdesliedes (s. S. 57)
(nach Abschluß der zehn Ave Maria und des Ehre sei)

Einstimmung zum fünften Gesätzchen

> „Den du, o Jungfrau, im Tempel wiedergefunden hast"

Das letzte Geheimnis des freudenreichen Rosenkranzes führt nochmals in den Tempel von Jerusalem und zwar zur Feier des Paschafestes (Lukas 2,41–52). Wir begegnen Maria und Josef auf der Wanderung und Wandlung ihres Glaubens und zwar anläßlich einer wohl erstmaligen, ungewohnten und schmerzlichen Erfahrung:

Sichtlich „voll Angst" haben sie Jesus gesucht (Lukas 2,48). Der zwölfjährige Jesus ging eigene Wege und enthüllte eine Beziehung zum Vater-Gott, die alle menschlich-familiären Beziehungen überschreitet: „Wußtet ihr nicht, daß ich in dem sein muß, was meinem Vater gehört?" (Lukas 2,49; vgl. Matthäus 11,27; Lukas 10,22). Hier blitzt das Gottgeheimnis Jesu auf, das er später mit den Worten verdeutlicht: „Mein Vater und euer Vater, mein Gott und euer Gott" (Johannes 20,17). Nachdenkenswert ist die Reaktion Marias und Josefs: „Sie verstanden nicht, was er damit sagen wollte" (Lukas 2,49).

Glauben heißt „auf dem Weg" sein zu immer tieferer Gotteserfahrung. Maria und Josef waren nicht über alles und jedes informiert. Auch sie waren unterwegs – zum tieferen Verständnis ihres Sohnes. Mit offenem Herzen und mit staunenden Augen haben sie empfangen und sich beschenken lassen.

(kurze Pause)

Lied: Ave Maria des Lourdesliedes (s. S. 57)
(nach Abschluß des freudenreichen Rosenkranzes)

got dar gebe vñ fein
ain ſelighys leyhen

2.
Schmerzhafter Rosenkranz

Nach der Einleitung (s. S. 45–47) folgt nach einer kurzen, stillen Besinnung die Gesamteinstimmung. Nach dem vorausgehenden Vaterunser wird jeweils die Einstimmung zu den einzelnen Gesätzchen gesprochen.

Gesamteinstimmung

„*Er erniedrigte sich
und war gehorsam bis zum Tod,
bis zum Tod am Kreuz.*" (Philipper 2,8)

Die letzte Wegstrecke des Gehorsams Jesu entfaltet der schmerzhafte Rosenkranz in fünf Szenen. Vom Garten Getsemani bis zum Berg Golgata begleiten wir den Herrn. Der uns liebende Sohn Gottes ist ein für uns leidender Sohn Gottes geworden – und dies aus freiem Willen.

Christus stand nicht der Sünde gegenüber. Er nahm die Sünde der Welt auf sich und „wurde zum Träger der Sünde gemacht" (2 Korinther 5,21), wie die kühne Formulierung des Apostels Paulus lautet. Was sich Gott für uns Menschen und um unseres Heiles willen „geleistet" hat, ruft Paulus nachhaltig in unser Bewußtsein: „Ihr seid um einen teuren Preis erkauft" (1 Korinther 6,20). Bei Gott gibt es keine hoffnungslosen Fälle. Wer immer für Gott die Tür öffnet, empfängt die Gnade der Vergebung und der erneuerten Freundschaft.

(kurze Pause)

Einstimmung zum ersten Gesätzchen

„Der für uns Blut geschwitzt hat"

Im Garten Getsemani, überliefert von den Evangelisten (Matthäus 26,36–46; Markus 14,32–42; Lukas 22,40–46), begegnen wir dem unergründlichen Geheimnis des göttlichen und zugleich menschlichen Wesens Christi:

Der Mensch Jesus zittert. Wie Blutstropfen fällt sein Angstschweiß zur Erde (Lukas 22,44). Er fleht den Vater-Gott sogar um eine andere, weniger grausame Möglichkeit der Erlösung an. Den Sohn Gottes aber überfällt die Ungeheuerlichkeit der Sünde der Welt. Er weiß die Unmenschlichkeit und Furchtbarkeit des Kreuzestodes voraus und spricht: „Abba, Vater, alles ist dir möglich. Nimm diesen Kelch (des Leidens) von mir! Aber nicht, was ich will, sondern was du willst (soll geschehen)" (Markus 14,36).

(kurze Pause)

Lied: O Haupt voll Blut und Wunden, 1. Strophe (Gotteslob Nr. 179)
(nach Abschluß der zehn Ave Maria und dem Ehre sei)

1. O Haupt voll Blut und Wunden
   voll Schmerz und voller Hohn,
   o Haupt, zum Spott gebunden
   mit einer Dornenkron',
   o Haupt sonst schön gekrönet
   mit höchster Ehr und Zier,
   jetzt aber frech verhöhnet:
   gegrüßet seist du mir.

Text: Paul Gerhardt (1607–1676) nach dem lateinischen „Salve caput cruentatum" des heiligen Bernhard von Clairvaux (1090–1153)
Melodie: Hans Leo Hassler (1564–1612)

Einstimmung zum zweiten Gesätzchen

„Der für uns gegeißelt worden ist"

Der gegeißelte, blutüberströmte Heiland hat in der deutschen Frömmigkeitsgeschichte eine besondere Rolle gespielt, wie eine Vielzahl von Bildern und Statuen bezeugt: Zu den bekanntesten zählen Christus in der Verwaisung in der Wieskirche bei Steingaden und auch bei Freising.

Formen des Rosenkranzgebetes 66

Der menschliche Leib Jesu, geboren aus der Jungfrau Maria, wurde von Geißeln, deren Lederriemen mit Bleikugeln und Eisenhacken versehen waren, aufgerissen und zerfetzt (Matthäus 27,16; Markus 15,15; Lukas 23,16; Johannes 19,1). Es muß vielfältige und schwere Sünde gegen den Leib, gegen die schöpferische Fruchtbarkeit des Leibes gewesen sein, die eine solche Sühne erforderlich machte. Der gegeißelte Christus ist das einzigartige Unterpfand, das den sündig gewordenen Leib des Menschen in die Verklärung und Auferstehung hinein erlöst. Blut und Wunden Christi haben Schuld und Verbrechen zum heilbringenden Ereignis werden lassen.

(kurze Pause)

Lied: O Haupt voll Blut und Wunden, 2. Strophe (Gotteslob Nr. 179)
(nach Abschluß der zehn Ave Maria und dem Ehre sei)

2. Du edles Angesichte,
   vor dem sonst alle Welt
   erzittert im Gerichte,
   wie bist du so entstellt.
   Wie bist du so erbleichet,
   wer hat dein Augenlicht,
   dem sonst ein Licht nicht gleichet,
   so schändlich zugericht'?

Einstimmung zum dritten Gesätzchen

> „Der für uns mit Dornen gekrönt worden ist"

Wohl selten in der Geschichte der menschlichen Grausamkeiten ist jemand so erniedrigt, so lächerlich gemacht worden wie Jesus bei der Verhöhnung und Dornenkrönung (Matthäus 27,27–31a; Markus 15,16–20a; Johannes 19,2–3).

Um seine Schultern legte man einen Purpurmantel. Auf das Haupt wurde eine Dornenkrone gedrückt. In die Hand gab man dem Messias ein Schilfrohr. Man schlug ihn und spuckte ihm ins Gesicht. Mit dem hilflosen, durch die Geißelung geschwächten Jesus wurde ein böses, ein unmenschliches Spiel getrieben – eine erschütternde Parodie des Christkönigs, der einst mit Macht und Herrlichkeit wiederkommen wird, um „zu richten die Lebenden und die Toten".

(kurze Pause)

Lied: O Haupt voll Blut und Wunden, 4. Strophe (Gotteslob Nr. 179)
(nach Abschluß der zehn Ave Maria und dem Ehre sei)

4. Was du, Herr, hast erduldet,
   ist alles meine Last;
   ich, ich hab es verschuldet,

was du getragen hast.
Schau her, hier steh' ich Armer,
der Zorn verdienet hat;
gib mir, o mein Erbarmer,
den Anblick deiner Gnad.

Einstimmung zum vierten Gesätzchen

> **„Der für uns das schwere Kreuz getragen hat"**

In einem einzigen Gesätzchen wird im Rosenkranzgebet zusammengefaßt, was die Kreuzwegandacht in vielen Stationen entfaltet.

Viele Irrwege der Menschen hat der Kreuzweg des Gott-Menschen gesühnt und auf den rechten Weg zum Vater-Gott zurückgegebracht. Wer die Nachfolge Jesu antritt, muß wissen, daß er Entscheidungen wagt, die zu vielen Wünschen und Erwartungen der Mitmenschen in Widerspruch stehen. Wir Christen können nicht – wie einst Simon von Cyrene (Matthäus 27,32; Markus 15,21; Lukas 23,26) – das Kreuz Christi mittragen. Wir haben mit unserem eigenen Kreuz genügend Last auf unseren Schultern. Es gilt, dieses unser „Lebenskreuz" im Geiste Christi zu tragen. „Wer *sein* Kreuz nicht trägt und mir nicht nachfolgt, kann nicht mein Jünger sein" (Lukas 14,27).

(kurze Pause)

Lied: O Haupt voll Blut und Wunden, 5. Strophe (Gotteslob Nr. 179)
(nach Abschluß der zehn Ave Maria und dem Ehre sei)

5. Ich danke für von Herzen,
o Jesu, liebster Freund,
für deines Todes Schmerzen,
da du's so gut gemeint.
Ach gib, daß ich mich halte
zu dir und deiner Treu
und, wenn ich einst erkalte,
in dir mein Ende sei.

Einstimmung zum fünften Gesätzchen

> **„Der für uns gekreuzigt worden ist"**

Was am Kreuz zwischen Gott und Gott, zwischen Gott und den Menschen geschehen ist, können wir als Erdenpilger kaum erahnen. Im Schrei des Gekreuzigten: „Mein Gott, mein Gott, warum hast du mich verlassen?" (Psalm 22,2; Markus 15,34; Matthäus 27,46) wird ein Ereignis zwischen dem Vater und dem Sohn angesprochen, das sich in der geheimnisvollen Tiefe des dreifaltigen Gottes vollzogen hat.

Als Erlöste sind wir aufgerufen und ausgezeichnet, unser Leid, unser Opfern und Sühnen mit dem „Sühnopfer" (Hebräer 9,11–12) Jesu Christi zu vereinen. In einem bemerkenswerten Satz hat der Apostel Paulus auf dieses Mitwirken-Dürfen aufmerksam gemacht, wenn er schreibt: „Jetzt freue ich mich in den Leiden, die ich für euch ertrage. Für den Leib Christi, die Kirche, ergänze ich in meinem irdischen Leben das, was an den Leiden Christi noch fehlt" (Kolosser 1,24).

(kurze Pause)

Lied: O Haupt voll Blut und Wunden, 6. Strophe (Gotteslob Nr. 179)
(nach Abschluß der zehn Ave Maria und dem Ehre sei)

6. Wenn ich einmal soll scheiden,
   so scheide nicht von mir.
   Wenn ich den Tod soll leiden,
   so tritt du dann herfür.
   Wenn mir am allerbängsten
   wird um das Herze sein,
   so reiß mich aus den Ängsten
   kraft deiner Angst und Pein.

3.
Der glorreiche Rosenkranz

Nach der Einleitung (s. S. 45–47) folgt nach einer kurzen, stillen Besinnung die Gesamteinstimmung. Die Einstimmung zu den einzelnen Gesätzchen wird jeweils nach dem eröffnenden Vaterunser gesprochen.

Gesamteinstimmung

Über dem Gebet des glorreichen Rosenkranzes steht das österliche Halleluja. Mit der Auferstehung Jesu Christi hat die Zukunft begonnen!

Ohne die Auferstehung Jesu gibt es keine Gemeinschaft der Glaubenden und Betenden, keine Hoffnung auf Ewigkeit. Die Auferstehung ist Ur-Datum und Ur-Kunde des christlichen Glaubens. Sie ist das Zentralereignis christlichen Glaubens, Hoffens und Liebens. „Wenn Christus nicht auferweckt worden ist, dann ist euer Glaube nutzlos, und ihr seid immer noch in euren Sünden" (1 Korinther 15,17).

Maria, die Voll-Erlöste, „ist die Morgenröte der neuen Schöpfung, deren erste Strahlen in die Finsternis dieser Welt sickern. Die göttlichen Kräfte sind schon an der Arbeit" (Jean Danielou).

(kurze Pause)

fer zyt vnd dah ewig
leben dah ift der guldin
rofen krantz

Einstimmung zum ersten Gesätzchen

> „Der von den Toten auferstanden ist"

Nicht das leere Grab, sondern die Erscheinungen des auferstandenen Christus bezeugen: Der am Kreuz Gestorbene ist nicht im Tod verblieben. Er ist „am dritten Tag" auferstanden. Was den Jüngern zunächst als gespenstische Irritation (Lukas 24,37) vorkam, wurde durch die Erfahrungen des Brotbrechens, der Tischgemeinschaften und der Berührungen als verklärte Auferstehungswirklichkeit bestätigt.

Die fünf Wundmale des auferstandenen Christus, in die Thomas seine Hand legen durfte (Johannes 21, 26–29), bezeugen die Identität des verklärten Christus mit dem geschichtlichen, gekreuzigten Jesus. Der Auferstandene hat aus der verschüchterten Gemeinschaft seiner Jünger eine mutig glaubende Gemeinde gemacht und ihr den Auftrag gegeben, glaubwürdige Zeugen seiner erlösenden Kreuzigung und Auferstehung in aller Welt zu werden.

(kurze Pause)

Lied: Christus Sieger
(nach Abschluß der zehn Ave Maria und dem Ehre sei)

Chri-stus Sie-ger, Chri-stus Herr-scher, Chri-stus Kö-nig in E - wig-keit.

Deutsche Fassung

Einstimmung zum zweiten Gesätzchen

„Der in den Himmel aufgefahren ist"

Die Himmelfahrt des auferstandenen Christus ist der bekrönende Abschluß seiner Menschwerdung. Das „Sitzen zur Rechten des Vaters" ist ein Bildwort der weltumspannenden Macht und Herrlichkeit des Vater-Gottes, in die der erhöhte Christus hineingenommen wird.

Gleichzeitig öffnet sich der Blick des Glaubens für die Grenzsituation der Weltgeschichte mit dem großen Gericht, dessen Tag und Stunde nur der Vater im Himmel kennt (Markus 13,32). Die Taten und Untaten der Menschen verschwinden nicht in einem Meer des Vergessens. Jesus Christus wird wiederkommen „zu richten die Lebenden und die Toten."

Glorreicher Rosenkranz

Möge der Herr ein gnädiger Richter sein und uns allen eine glückselige Himmelfahrt schenken!

(kurze Pause)

Lied: Christus vincit
(nach Abschluß der zehn Ave Maria und dem Ehre sei)

Chri-stus vin-cit, Chri-stus re-gnat,
Chri-stus, Chri-stus im-pe-rat.

Lateinische Fassung

Einstimmung zum dritten Gesätzchen

> „Der uns den Heiligen Geist gesandt hat"

Pfingsten, das Heilig-Geist-Ereignis, steht am Morgen der christlichen Glaubensgeschichte. Bis heute wird sie von ihr belebt. Der Heilige Geist ist der Geist der Wahrheit und der Liebe, der Geist der Einheit und des Friedens. Er vollendet Werk und Botschaft Jesu Christi, der von seinem Erdenwirken sagte: „Noch vieles hätte ich

Formen des Rosenkranzgebetes

euch zu sagen, aber ihr könnt es jetzt nicht ertragen. Wenn aber er, der Geist der Wahrheit, kommt, wird er euch in alle Wahrheit einführen" (Johannes 16,12–13). Der Heilige Geist „ist der Angriff Gottes auf unsere Unlebendigkeit und Selbstgenügsamkeit" (Wilhelm Stählin), auf unsere Selbstsicherheit und Vermessenheit. Als Getaufte und Gefirmte sind wir Christen „wiedergeboren aus dem Wasser und dem Heiligen Geist" (Johannes 3,5). Wir alle sind aus der Kraft des Heiligen Geistes berufen und ermutigt, Zeugen der Wahrheit und der Liebe zu sein – „sei es gelegen oder ungelegen" (2 Timotheus 4,2).

(kurze Pause)

Einstimmung zum vierten Gesätzchen

> **„Der dich, o Jungfrau, in den Himmel aufgenommen hat"**

Die Aufnahme Marias in die himmlische Herrlichkeit ist das Zeichen einer großen, glücklichen und nie endenden Zukunft, die Gott auch uns verheißen hat. Wer schon auf Erden „voll der Gnade" (Lukas 1,28) gepriesen wurde, erfährt nach der irdischen Pilgerschaft jene bekrönende Vollendung, die „Gott denen bereitet hat, die ihn lieben" (1 Korinther 2,9).

Was durch Gottes Gnade an der Seele und am verklärten Leib Marias geschehen ist, läßt jene einzigartige Umwandlung ahnen, die einst an allen Menschen, an der ganzen Schöpfung sich vollziehen wird. Das Ja und Amen, das Gott zum Menschen, zum ganzen Universum gesprochen hat, bleibt bestehen in Zeit und Ewigkeit.

(kurze Pause)

Einstimmung zum fünften Gesätzchen

> "Der dich, o Jungfrau, im Himmel gekrönt hat"

Das Wort „Krönung" Marias stellt den bescheidenen Versuch dar, mit irdischen Formulierungen die Überfülle von Gnade anzudeuten, mit der Maria, die Mutter Jesu, beschenkt wurde: Maria – Himmelskönigin!

Himmel ist ein nie endendes Empfangen und Beschenktwerden – für Maria wie für alle Seligen. Die einzigartige Stellung Marias wird in den Anrufungen der Lauretanischen Litanei ausgesprochen: Du Königin der Apostel! Du Königin der Märtyrer! Du Königin aller Heiligen! Maria ist unsere große Fürsprecherin – jetzt und in der Stunde unseres Todes!

(kurze Pause)

Lied zum Abschluß: Maria breit den Mantel aus, 1. Strophe
(Gotteslob Nr. 595) – s. S. 139
(nach Abschluß der zehn Ave Maria und dem Ehre sei)

4.
Der Altenberger Rosenkranz

Vorbemerkung

Der Name „Altenberger" Rosenkranz weist hin auf den Entstehungsort dieser Gebetsform, nämlich Altenberg nordöstlich von Köln. Der Dom in Altenberg, auch „Bergischer Dom" genannt, ist eine ehemalige Zisterzienserkirche. Er gilt als eine große Kostbarkeit gotischer Baukunst (Zisterzienser-Gotik) in Deutschland.

In Altenberg befindet sich das Zentrum der katholischen Jugendführung. In schwerer Zeit unter dem Nazi-Regime hat hier der unvergessene und mutige Jugendseelsorger Ludwig Wolker (1887–1955) gewirkt. Er hat diese Form des Rosenkranzes für das Beten mit Jugendlichen vorgeschlagen und erfolgreich praktiziert.

Das Typische des Altenberger Rosenkranzes besteht darin, daß die drei Gesätzchenreihen des freudenreichen, des schmerzhaften und des glorreichen Rosenkranzes zur Einheit eines „Rosenkranzes der weißen, der roten und der goldenen (güldenen) Rosen" verbunden werden. Dadurch treten die drei Stufen des Weges Jesu von der Geburt zum Kreuz und zur Auferstehung überschaubar ins Bewußtsein der Gläubigen. Gleichzeitig dienen sie zur Deutung des eigenen Lebens, das von der Kindheit – den weißen Rosen – zu Leid und Kreuz der roten Rosen führt und schließlich mit der Verklärung der goldenen Rosen beschenkt wird. Der Altenberger Rosenkranz kann damit einen – wenn auch bescheidenen – Beitrag dazu leisten, daß Lebensgeschichte zur Glaubensgeschichte werden kann.

Kurz erwähnt sei, daß das Stichwort „Weiße Rose" der studentischen Widerstandsbewegung an der Universität in München (1943) ebenfalls an das Leben und an Überlieferungen der in Altenberg wirkenden Zistenzienser erinnert.

Nach der Einstellung (Apostolisches Glaubensbekenntnis, Ehre sei, Vaterunser, drei Ave Maria mit den Gesätzchen der drei göttlichen Tugenden Glaube, Hoffnung und Liebe, und dem abschließenden Ehre sei) folgt – nach einer kurzen Stille – die Gesamteinstimmung, gesprochen vom Vorbeter (Priester, Diakon, Laie).

Gesamteinstimmung

Der sogenannte „Altenberger Rosenkranz" ist eine Gebetsform, die zuerst von der katholischen Jugend und später von den Katholiken der deutschen Bistümer mit großer Aufgeschlossenheit und dankbarer Freude aufgenommen wurde. In einem mächtigen Bogen werden alle Anliegen und Gesätzchen des freudenreichen, des schmerzhaften und des glorreichen Rosenkranzes zu einer Einheit verbunden. Es wird damit der heilsgeschichtliche Weg des pilgernden Gottesvolkes beschritten, der vom ersten Hinweis der vorgeburtlichen Menschwerdung des Gottessohnes – „Den du, o Jungfrau, empfangen hast" – bis zum Anbruch der endzeitlichen Wirklichkeit – „Der dich, o Jungfrau, im Himmel gekrönt hat" – führt. Mit jedem Ave Maria wird ein neues Gesätzchen des Rosenkranzes verbunden und in ihm eine neue Szene der Heilsgeschichte vorgestellt.

Während beim herkömmlichen Rosenkranzgebet jedes Gesätzchen mit zehn Ave Maria verknüpft, wiederholt und zum Verweilen vorgelegt wird, kennzeichnet den Altenberger Rosenkranz eine deutliche Bewegung, ein Unterwegssein des Glaubens und Lebens mit Jesus und mit Maria. Damit ist die Gefahr des „Herunter"-betens vermieden. Keines der fünfzehn Gesätzchen wird wiederholt. Diese Gebetsform ist abwechslungsreich, sie erfordert aber auch stärkere Konzentration, da mit jedem Ave Maria ein neues Gesätzchen verbunden ist. Gleichzeitig muß man die Augen des Glaubens schneller öffnen für das mit dem jeweils neuen Gesätzchen aufgezeigte Bild der Heilsgeschichte.

(kurze Pause)

Einstimmung in die Geheimnisse des freudenreichen Rosenkranzes

Die Geheimnisse der irdisch-geschichtlichen Geburt Jesu und seiner Kindheit bis zum zwölften Lebensjahr – „Den du, o Jungfrau, im Tempel wiedergefunden hast" – werden uns in gleicher Reihenfolge und in denselben fünf Episoden vorgestellt, wie sie der Evangelist Lukas aufgezeichnet hat (Lukas 1,26–38; 1,39–56; 2,1–20; 2,21–38; 2,41–50). „Gott hat so sehr die Welt geliebt, daß er seinen einzigen Sohn hingab, damit jeder, der an ihn glaubt, nicht zugrunde geht, sondern das ewige Leben hat" (Johannes 3,16).

Überall dort, wo Menschen sich für Gott öffnen, tritt Gott ein – wird aus Finsternis Licht, Hoffnungslosigkeit wandelt sich in Freude und Zukunftshoffnung.
„Macht hoch die Tür, die Tor macht weit ..."

(kurze Pause)

Lied: Macht hoch die Tür, 1. Strophe (Gotteslob Nr. 107)

1. Macht hoch die Tür, die Tor macht weit,
   es kommt der Herr der Herrlichkeit,
   ein König aller Königreich,
   ein Heiland aller Welt zugleich,
   der Heil und Leben mit sich bringt;
   derhalben jauchzt, mit Freuden singt.
   Gelobet sei mein Gott, mein Schöpfer reich an Rat.

Text: Georg Weißel vor 1623
Melodie: Halle 1704

Vater unser ...

Gegrüßet seist du, Maria ...

(fünfmal mit je einem der folgenden fünf Gesätzchen)

> **Jesus, den du, o Jungfrau, vom Heiligen Geist empfangen hast**
> **Jesus, den du, o Jungfrau, zu Elisabet getragen hast**
> **Jesus, den du, o Jungfrau, geboren hast**
> **Jesus, den du, o Jungfrau, im Tempel aufgeopfert hast**
> **Jesus, den du, o Jungfrau, im Tempel wiedergefunden hast**

Ehre sei ...

Einstimmung in die Geheimnisse des schmerzhaften Rosenkranzes

Im Altenberger Rosenkranz, den wir in dieser Stunde beten, wird beim Weiterbeten vom freudenreichen zum schmerzhaften Rosenkranz ein großer Bogen gespannt: von der Geburt und Kindheit zum Kreuzestod Jesu. Eine ähnliche Überbrückung von Zeitunterschieden kennen wir aus dem Apostolischen Glaubensbekenntnis: „... geboren von der Jungfrau Maria, gelitten unter Pontius Pilatus ...".

Das Jesuskind, in der Botschaft der Engel von Betlehem gepriesen als „Heiland, Messias und Herr" (Lukas 2,11), ist auch der verspottete, gegeißelte, angespiene, gekreuzigte Christus. Im Kreuz allein ist Heil, wie es der heilige Kapuzinerbruder Konrad von Parzham (1818–1894) immer wieder aussprach und anderen einprägte. Allein vom Kreuz Jesu Christi, vielen Menschen Ärgernis und „Torheit" (1 Korinter 1,23), kommen Vergebung und Hoffnung, Freude und Friede. „Wenn ich über die Erde erhöht bin, werde ich alle zu mir ziehen" (Johannes 12,32).

(kurze Pause)

Lied: Gebet des heiligen Bruders Klaus von Flüe 1417–1487

Mein Herr und mein Gott, nimm al - les von mir, was mich hin - dert du dir. Mein Herr und mein Gott, gib al - les mir, was mich füh - ret zu

dir. Mein Herr und mein Gott, o nimm mich mir und gib mich ganz zu ei-gen dir.

Vater unser ...
Gegrüßet seist du Maria ...
(fünfmal mit je einem der folgenden fünf Gesätzchen)

> Jesus, der für uns Blut geschwitzt hat
> Jesus, der für uns gegeißelt worden ist
> Jesus, der für uns mit Dornen gekrönt worden ist
> Jesus, der für uns das schwere Kreuz
> getragen hat
> Jesus, der für uns gekreuzigt worden ist

Ehre sei ...

Einstimmung in die Geheimnisse des glorreichen Rosenkranzes

Im glorreichen Rosenkranz wird die nachösterliche Geschichte Jesu mit der pfingstlichen Sendung des Heiligen Geistes verbunden.

Mit den beiden letzten Geheimnissen wird hier ein ganz neuer Akzent gesetzt: Die Aufnahme Marias in die himmlische Herrlichkeit zeigt beispielhaft auf, daß mit der Auferstehung Jesu die Zukunft, der Überschritt von der Zeit in die Ewigkeit begonnen hat. Jesus Christus „ist der Erstling der Entschlafenen ... Alle werden in Christus das Leben haben. Ein jeder, wenn er an die Reihe kommt. Christus macht den Anfang" (1 Korinther 15,20.22–23).

Im Blick auf Jesus, den Auferstandenen, und auf Maria, die in den Himmel Aufgenommene, erhoffen und erbitten wir auch für uns die Auferweckung von den Toten und das Geschenk der himmlischen Herrlichkeit.

(kurze Pause)

Lied: Gelobt seist du, Herr Jesu Christ, 1. Strophe (Gotteslob Nr. 560)

1. Gelobt seist du, Herr Jesu Christ,
   ein König aller Ehren;
   dein Reich ohn alle Grenzen ist,
   ohn Ende muß es währen.
   Christkönig, Halleluja, Halleluja.

Text: nach Guido Maria Dreves 1886
Melodie: Josef Venantius von Wöß 1928

Vater unser ...

Gegrüßet seist du Maria ...
(fünfmal mit je einem der folgenden fünf Gesätzchen)

> Jesus, der von den Toten auferstanden ist
> Jesus, der in den Himmel aufgefahren ist
> Jesus, der uns den Heiligen Geist gesandt hat
> Jesus, der dich, o Jungfrau, in den Himmel
> aufgenommen hat
> Jesus, der dich, o Jungfrau, im Himmel
> gekrönt hat

Ehre sei ...

Schlußlied: Allein Gott in der Höhe, 1. Strophe (Gotteslob Nr. 457)

1. Allein Gott in der Höh sei Ehr
   und Dank für seine Gnade,
   darum, daß nun und nimmermehr
   uns rühren kann kein Schade.
   Ein Wohlgefallen Gott an uns hat;
   nun ist groß Fried ohn Unterlaß,
   all Fehd hat nun ein Ende.

Text: Nikolaus Decius 1522 nach dem Gloria
Melodie: Nikolaus Decius 1522 nach dem Gloria Nr. 411

5.
Dank-Rosenkranz für die Schöpfung

Vorbemerkung

Die gebräuchlichen Formen des Rosenkranzgebetes umkreisen betend und meditierend die Heilsgeheimnisse des Neuen Testaments. Es ist erstaunlich, daß die vielfältigen Geschehnisse des Alten Testaments, das mit Recht bezeichnet wird als „Erzieher hin zu Christus" (Galater 3,24), nicht zur Sprache kommen.

Gerade die Gefährdung und Zerstörung der Schöpfung durch die Menschen muß auch Christen wachrütteln und zum Nachdenken darüber veranlassen, ob nicht das Thema „Schöpfung" auch in das Rosenkranzgebet und damit in das Denken und Handeln mit einbezogen werden kann. Die Nöte und Probleme unserer Zeit sollten zu Impulsen des Dankes, vor allem zu Impulsen der Verantwortung für die Schöpfung werden. Es ist zu kurz gegriffen, nur von der „Natur" zu sprechen und den „Naturschutz" lediglich durch Rücksicht auf die kommenden Generationen zu begründen. Als Christen sollten wir sehr eindeutig und entschieden von der „Schöpfung" sprechen, die in erster Linie vor Gott, dem allmächtigen Schöpfer des Himmels und der Erde, zu verantworten ist.

Der Schöpfer-Gott beschenkt die Menschen mit der geschaffenen Welt. Er hat seine Schöpfung der Mitsorge der Menschen anvertraut. Gott will nicht ohne seine Schöpfung gefunden werden. Das Geheimnis der Schöpfung ist auch die Voraussetzung für die Verwirklichung der Menschwerdung des Gottessohnes. Christlicher Glaube kreist nicht ausschließlich um die Rettung der unsterblichen Steele. Er ist unlösbar verbunden mit Weltverantwortung. Nur mit der Welt wird der Christ hineingenommen in die Herrlichkeit Gottes. Es ist mehr als romantische Stimmung, dafür hellhörig zu werden, daß „die gesamte Schöpfung bis zum heutigen Tag seufzt und in Geburtswehen liegt" (Römer 8,22).

Gesamtüberblick über die fünf Gesätzchen des Dank-Rosenkranzes für die Schöpfung:

> „Der mit dem Vater und dem Heiligen Geist Himmel und Erde erschaffen hat"
> „Der der Erstgeborene vor aller Schöpfung ist"
> „In dem das All seinen Bestand hat"
> „Der die ganze Schöpfung erlöst hat"
> „Der die Schöpfung zum neuen Himmel und zur neuen Erde verwandeln wird"

Nach der Einleitung (Apostolisches Glaubensbekenntnis, Ehre sei, Vaterunser, drei Ave Maria mit den drei Gesätzchen der drei göttlichen Tugenden Glaube, Hoffnung und Liebe, sowie dem abschließenden Ehre sei) folgt – nach einer kurzen Stille – die Geamteinstimmung, gesprochen vom Vorbeter (Priester, Diakon, Laie). Die Einstimmung zu den einzelnen Gesätzchen wird jeweils nach dem eröffnenden Vaterunser und vor dem ersten Ave Maria gesprochen.

Schöpfung

Gesamteinstimmung

In der christlichen Kunst wird der Glaube an die Schöpfung durch Gott sehr häufig so dargestellt, daß der Vater-Gott in seiner Linken die Weltkugel hält, während die rechte Hand zum Segen erhoben ist: Die sichtbare Welt verdankt ihre Existenz nicht dem blinden Zufall. Sie hat ihren Ursprung – wie es der biblische Schöpfungsbericht in einem aussagestarken Text bezeugt – in der Liebe Gottes, der sich mitteilen und in Partnerschaft mit seinen Geschöpfen leben und lieben will.

Die sichtbar-materielle Welt ist kein Widerpart Gottes, kein ewiges Prinzip des Bösen. Die Frage: Warum hat Gott die Welt erschaffen? können wir Menschen nur unzulänglich und bruchstückhaft beantworten. Die Schöpfung ist Lebens- und Entfaltungsraum der Pflanzen, der Tiere und der Menschen. Sie ist andeutendes Zeichen und Sinnbild der Güte Gottes. Sie ist durchwirkt und belebt vom allgegenwärtigen Gott, „denn in ihm leben und bewegen wir uns und sind wir" (Apostelgeschichte 17,27).

Die Schöpfung ist dem Menschen anvertraut. Aus der Botschaft Jesu weiß der Christ: Das Universum wird als neuer Himmel und als neue Erde an der Vollendung der Erlösung teilnehmen.

(kurze Pause)

Einstimmung zum ersten Gesätzchen

> „Der mit dem Vater und dem Heiligen Geist
> Himmel und Erde erschaffen hat"

Die Heilige Schrift beginnt mit einem kurzen, aber großartigen und fundamentalen Bekenntnis: „Im Anfang schuf Gott Himmel und Erde" (Genesis 1,1). Die Antwort auf die oft gestellte Frage: Warum ist überhaupt Welt? kann nur Gott beantworten. In der dreieinigen Gemeinsamkeit der göttlichen Allmacht wurde die vielschichtige Welt ins Dasein gerufen. „Die Schöpferkraft Gottes ist der ganzen Dreieinigkeit gemeinsam", wie der Dominikanertheologe Thomas von Aquin (1225–1274) schreibt. Schöpfung durch Gott ist kein Gegensatz zur Entwicklung, auf die die moderne Naturwissenschaft hinweist, sondern ihre Voraussetzung.

Im modernen Sprachgebrauch wurde das Wort „Schöpfung" durch den keineswegs eindeutigen Begriff „Natur" ersetzt. Wir Christen sollten bewußt von „Schöpfung" sprechen und damit den Blick auf den Urheber der Welt, auf den Schöpfer-Gott, offen halten und verstärkt in Erinnerung bringen. Die Schöpfung in ihrer Ordnung, Gesetzmäßigkeit und Schönheit ist Ausdruck der Treue und Zuverlässigkeit Gottes, Ausdruck seiner Güte, Macht und Herrlichkeit.

Die Schöpfung ist Begegnung von Gott und Mensch.

Schöpfung ist Anrede Gottes, aber auch Anrede des Menschen. Sie ist Vermittlung des Menschen zu Gott, aber auch Vermittlung Gottes zu den Menschen. Die Schöpfung ist bleibender Aufruf zum Staunen, zur Ehrfurcht, zu Dank, Lobpreis und Vertrauen.

(kurze Pause)

Einstimmung zum zweiten Gesätzchen

„Der der Erstgeborene vor aller Schöpfung ist"

Durch seine Menschwerdung ist Jesus Christus in eine Welt eingetreten, die ihm nicht fremd, sondern „sein Eigentum" (Johannes 1,11) war. Diesen inneren Zusammenhang hat der Kolosserbrief mit den Worten auszusprechen versucht: „Er ist ... der Erstgeborene der ganzen Schöpfung. Denn in ihm wurde alles erschaffen, im Himmel und auf Erden, das Sichtbare und das Unsichtbare ... Alles ist durch ihn und auf ihn hin geschaffen" (Kolosser 1,15–16).

Durch göttliche Voraussicht und Vorausplanung wurde die sichtbare Welt im Hinblick auf die Menschwerdung des Gottessohnes und Welterlösers erschaffen. Deutlich wird die geschaffene Ordnung herausgestellt: Jesus ist „vor aller Schöpfung" (Kolosser 1,17).

Die Schöpfung bildet die sichtbare, materielle Voraussetzung der Menschwerdung des Gottessohnes. Sie ist dadurch mit beteiligt an der Verwirklichung der Erlösung. Auch die Einbeziehung der Naturelemente in das Reich der Sakramente wurzelt in der göttlichen Voraussicht und Vorausplanung.

Gegenüber allen leib- und materiefeindlichen Auffassungen stellt der Christusentwurf der Schöpfung eine einzigartige, viel zu wenig beachtete Auszeichnung der Schöpfung in ihren vielfältigen Schichten dar. Schöpfung ist mehr als das Greifbar-Äußere, mehr als das Meßbare. Sie lebt aus einer ursprünglichen und bleibenden Beziehung zu Christus, dem „Erstgeborenen vor aller Schöpfung" (Kolosser 1,15).

(kurze Pause)

Einstimmung zum dritten Gesätzchen

> **„In dem das All seinen Bestand hat"**

Wiederum ist es der neutestamentliche Kolosserbrief, in dem das dritte Gesätzchen dieses Dank-Rosenkranzes für die Schöpfung begründet ist: „... alles hat in ihm (Jesus Christus) Bestand" (Kolosser 1,17). Es ist Jesus Christus, der die Welt im Innersten zusammenhält und belebt. Jesus Christus, der das ganze Universum unsichtbar und unwiderstehlich durchdringt und seine Liebe zu uns und zu seiner Schöpfung verdichtet. Er ist das Herz des ganzen Universums und seiner Entwicklung hin zur Vollendung.

Kaum wird heute die Frage gestellt: Woher kommt das Gute in der Welt? Die Antwort darauf lautet: Weil die Welt trotz allem in Jesus Christus Bestand hat und weil Jesus Christus mit der ganzen Fülle seiner Liebe und Barmherzigkeit in ihr wohnt, „um alles zu versöhnen" (Kolosser 1,19–20).

(kurze Pause)

Einstimmung zum vierten Gesätzchen

„Der die ganze Schöpfung erlöst hat"

Die Versöhnung durch Jesus Christus wird jedem Menschen angeboten. In freier Entscheidung kann der Einzelne dieses Angebot annehmen oder ablehnen. Versöhnung ist aber keineswegs auf den Menschen beschränkt. Die ganze Schöpfung, „alles auf Erden und im Himmel" (Kolosser 1,20), ist in die heilende und heiligende Erlösung durch Jesus Christus einbezogen. In Zeit und Ewigkeit hat sich Gott für die Welt und alle Menschen als seine Schöpfung entschieden.

Dem erlösten Menschen ist es aufgetragen, die Schöpfung „von der Knechtschaft der Vergänglichkeit zu befreien zur Freiheit und Herrlichkeit der Kinder Gottes" (Römer 8,21). Wir Christen haben daher – jeder auf seinem Platz in Familie, Beruf oder Öffentlichkeit – Sorge zu tragen, daß die Welt nicht zerstört wird und ihren Schöpfungsglanz endgültig verliert, sondern daß sie unter dem Segen Gottes und durch unsere Mitarbeit leben und sich entfalten kann. Nicht an der Welt vorbei, sondern nur *mit* der Welt werden wir Gott finden und im Urteil Gottes bestehen können.

(kurze Pause)

Einstimmung zum fünften Gesätzchen

> „Der die Schöpfung zum neuen Himmel und zur neuen Erde verwandeln wird"

Das Ja und Amen, das Gott zu seiner Schöpfung gesagt hat, bleibt und gilt in Zeit und Ewigkeit. Die Treue Gottes zu seiner ganzen Schöpfung zeigt sich in zwei Heilsaktionen: Sie wird offenbar in der Menschwerdung des Gottessohnes, der unser geschichtlicher Mitbruder in Zeit und Raum geworden ist, der in seiner Leiblichkeit Anteil an der Materie genommen hat und „Bestandteil der Welt" geworden ist. Gottes Treue wird greifbar auch in der Zukunftsverheißung, daß die Schöpfung als „neuer Himmel" und als „neue Erde" (Jesaja 65,17–18; 2 Petrus 3,13; Offenbarung 21,1) an der Ewigkeit teilnehmen wird. Das letzte Wunder der ewigen Verklärung wird größer sein als das Wunder der Schöpfung in Zeit und Raum.

Solange wir hier auf Erden leben, wissen wir aus der Offenbarung Gottes um diese kosmische Verheißungsbotschaft. Den Umwandlungsprozeß können wir nur im Hinblick auf das Geheimnis der Auferstehung Jesu Christi erahnen. Ambrosius (339–397), der große Bischof von Mailand, hat dazu eine Orientierung gegeben:

„In Christus ist auferstanden die Welt.
In ihm ist auferstanden der Himmel.
In ihm ist auferstanden die Erde".

(kurze Pause)

Lied zum Abschluß: Erde singe, daß es klinge (Gotteslob Nr. 827)

1. Erde singe, daß es klinge,
   laut und stark dein Jubellied!
   Himmel alle, singt zum Schalle
   dieses Liedes jauchzend mit!
   Singt ein Loblied eurem Meister!
   Preist ihn laut, ihr Himmelsgeister!

Was er schuf, was er gebaut,
preis ihn laut!

2. Kreaturen auf den Fluren,
huldigt ihm mit Jubelruf!
Ihr im Meere, preist die Ehre
dessen, der aus Nichts euch schuf!
Was auf Erden ist und lebet,
was in hohen Lüften schwebet,
lob ihn; er haucht ja allein
Leben ein!

3. Jauchzt und singet, daß es klinget,
laut ein allgemeines Lied!
Wesen alle, singt zum Schalle
dieses Liedes jubelnd mit!
Singt ein Danklied eurem Meister,
preist ihn laut, ihr Himmelsgeister!
Was er schuf, was er gebaut,
preis ihn laut!

Text: Johannes von Geissel, Kardinal und Erzbischof von Köln, 1835
Melodie: Gesangbuch „Tochter Sion", Köln 1741

6.
Rosenkranz über das Geheimnis des Gottmenschen Jesus Christus

Vorbemerkung

Wer sich in der Zeit eines stillen Wertewandels und wachsender religiöser Gleichgültigkeit „Christ" nennt und sich dazu auch bekennt, dem sollte diese Bezeichnung zur immerwährenden Anfrage werden: Entspricht mein Leben und Denken jener geheimnisvollen, geschichtlichen Wirklichkeit, die als Jesus Christus „unter uns gewohnt hat" (Johannes 1,14)?

In seiner ersten Enzyklika „Redemptor hominis" vom 4. März 1979 hat Papst Johannes Paul II. geschrieben: „Die grundlegende Aufgabe der Kirche in allen Epochen und besonders in der unsrigen ist es, den Blick des Menschen, das Bewußtsein und die Erfahrung der ganzen Menschheit auf das Geheimnis Christi zu lenken und auszurichten."

Es spricht sich so leicht, vielleicht auch zu schnell aus: Jesus Christus ist der aus Maria, der Jungfrau, geborene, menschgewordene Sohn Gottes. Der Rosenkranz über das gottmenschliche Geheimnis Jesu Christi will das bloße Katechismuswissen in betender Meditation vertiefen. Im Neuen Testament wird immer wieder versucht, das Persongeheimnis Jesu Christi zu umschreiben: „Er war Gott gleich ... entäußerte sich und wurde den Menschen gleich. Sein Leben war das eines Menschen; er erniedrigte sich und war gehorsam bis zum Tod, bis zum Tod am Kreuz" (Philipper 2,6–8).

Gegenüber Fehldeutungen und Irrtümern hat die Kirche das Rätsel des Gottmenschen unter dem Beistand des Heiligen

Geistes, „des Weggeleiters in alle Wahrheit" (Johannes 16,12–13), mit großer und behutsamer Sorge abgegrenzt und ausgedeutet.

Es ist sicherlich wichtig, aber doch zu wenig, „über" Jesus, den Christus, theologisch präzise reden zu können. Entscheidend ist, welche „Gleichzeitigkeit" (Christus in mir – Ich in Christus) mein Leben mit dem Leben Jesu Christi gewinnt und ob die Kenntnis Jesu zur Anerkenntnis, zur Nachfolge, zur Liebe Jesu wird.

Gesamtüberblick über die fünf Gesätzchen des Rosenkranzes über das Geheimnis des Gottmenschen Jesus Christus:

> „Dessen Menschwerdung mit dem Wort ‚Bei Gott ist kein Ding unmöglich' angekündigt wurde"
>
> „Dessen Persongeheimnis Maria und Josef in Staunen und Nachdenklichkeit versetzt hat"
>
> „Der sein Leben und Sterben dem Willen des Vaters untergeordnet hat"
>
> „Der am Kreuz unter Gottverlassenheit gelitten hat"
>
> „Der als Gekreuzigter und Auferstandener der ganzen Welt Versöhnung geschenkt hat"

Nach der Einleitung (Apostolisches Glaubensbekenntnis, Ehre sei, Vaterunser, drei Ave Maria mit den drei

Gesätzchen der drei göttlichen Tugenden Glaube, Hoffnung und Liebe, sowie dem abschließenden Ehre sei) folgt – nach einer kurzen Stille – die Gesamteinstimmung, gesprochen vom Vorbeter (Priester, Diakon, Laie). Die Einstimmung zu den einzelnen Gesätzchen wird jeweils nach dem eröffnenden Vaterunser und vor dem ersten Ave Maria gesprochen.

Gesamteinstimmung

Von Romano Guardini (1885–1986) stammt das Wort: „Es gibt Wirklichkeiten, die man nicht analysieren, nicht sezieren kann. Man kann sie nur meditieren und anbeten". Eine dieser Wirklichkeiten, die von Menschen nicht „hinterfragt" und ausgeleuchtet werden kann, ist das Geheimnis des menschgewordenen Sohnes Gottes.

Wenn – wie wir oft an uns wie an anderen erfahren – wir Menschen uns selbst ein Rätsel, ein unbekanntes Wesen sind, so steigert und verdichtet sich das Geheimnis, wenn Gottheit und Menschsein in einer einzigen Person, in Jesus, dem Christus, sich vereinen. „Was in Christus ist, kann nicht aus einer Psychologie des religiösen Menschen abgeleitet werden ... entzieht sich der psychologischen Analyse, solange diese ehrlich bleibt" (Romano Guardini).

Daß der Zugang zum Verständnis seiner Person schwierig ist und sich erst nach Überwindung von mancherlei Hindernissen eröffnet, hat Jesus Christus selbst ganz offen ausgesprochen: „Selig, wer an mir keinen Anstoß nimmt" (Matthäus 11,6). Man muß sich sehr lange Zeit mit Jesus Christus befaßt und sich offenen Herzens mit ihm „eingelassen" haben, um gnadenhaft an jenen Horizont geführt zu werden, an dem ein erster „Einlaß" jenen aufgetan wird, „die den Herrn lieben" (Jesaja 64,3; 1 Korinther 2,9). „Der (heilige) Geist ergründet alles, auch die Tiefen Gottes ... Der irdisch gesinnte Mensch aber läßt sich nicht auf das ein, was vom Geist Gottes kommt" (1 Korinther 2,10.14).

Der Rosenkranz, zu dem wir uns versammelt haben, will jenen inneren Raum vorbereiten und öffnen, in dem die geistliche Erfahrung über das Glaubensgeheimnis des Gottmenschen Jesus Christus geschenkt und vertieft werden möge.

(kurze Pause)

Einstimmung zum ersten Gesätzchen

> **„Dessen Menschwerdung mit dem Wort
> ‚Bei Gott ist kein Ding unmöglich'
> angekündigt wurde"**

Der Überschritt des ewigen Gottessohnes aus der Ewigkeit in die Geschichte ist und bleibt in seinem Motiv wie in seiner Verwirklichung unauslotbares Geheimnis. „O Tiefe des Reichtums und der Weisheit und der Erkenntnis Gottes! Wie unerforschlich sind seine Ratschlüsse, wie unergründlich seine Wege!" (Römer 11,33).

Ein Wort aus der alttestamentlichen Abrahamsgeschichte: „Bei Gott ist kein Ding unmöglich" (Genesis 18,14) wird zunächst für die Empfängnis der betagten Elisabet, dann aber in kühner Übersteigerung für die Geburt Jesu durch die Jungfrau Maria (Lukas 1,37) aufgegriffen. Wir Menschen sollten gegen den Schöpfergott keinen Widerstand aufbauen, wenn er in seiner Souveränität und Allmacht Menschenleben „nicht aus dem Wollen des Fleisches und nicht aus dem Wollen des Mannes" (Johannes 1,13) erschafft.

Bereits der Beginn des irdischen Lebens Jesu, seine Entäußerung zum Knecht (Philipper 2,8), versetzt das Denken vieler Menschen in Spannung, in Aufregung, in die Zone der Scheidung und Entscheidung der Geister. Wer ist dieser Jesus? Welche Bedeutung hat dieser Jesus für mich, für meine Familie, für meinen Beruf, für unser Volk?

(kurze Pause)

Einstimmung zum zweiten Gesätzchen

> „Dessen Persongeheimnis Maria und Josef in Staunen und Nachdenklichkeit versetzt hat"

Auch Menschen, die wie Maria und Josef in unmittelbarer Nähe Jesu lebten, gerieten angesichts des Lebens, der Worte und der Entscheidungen Jesu immer wieder und immer mehr in Staunen und Verunsicherung. „Sie verstanden nicht, was Jesus ihnen sagen wollte" (Lukas 2,49), heißt es im Bericht über das Gespräch des zwölfjährigen Jesus mit Maria und Josef im Tempel von Jerusalem.

Man kann Jesus, den Christus, nicht zur Kenntnis nehmen und ad acta legen wie andere Gestalten der Geschichte. Die Erinnerung an Jesus ist und bleibt eine „gefährliche" Erinnerung, denn sie steckt wie ein Widerhaken im Denken, im Herzen eines Menschen und nötigt zur Herausforderung, zur Stellungnahme. Über Jesus hinweg kann man nicht stillschweigend und uninteressiert zur Tagesordnung seines sonstigen Lebens schreiten. Jesus Christus ist und bleibt der „Tagesordnungspunkt Nr. 1"!

(kurze Pause)

Einstimmung zum dritten Gesätzchen

> „Der sein Leben und Sterben dem Willen des Vaters untergeordnet hat"

Das ganze Leben und Wirken Jesu steht unter der Sendung durch den Vater. Er ist der Gesandte des Vaters: Er weiß sich gesandt, den Armen das Evangelium zu verkünden (Lukas 4,18). Wer ihn verachtet, verachtet den, der Jesus gesandt hat (Lukas 10,16; Johannes 5,23). Christus vollzieht den Willen dessen, der ihn gesandt hat (Johannes 4,34).

Die neutestamentlichen Berichte über die Ereignisse im Garten Getsemani belegen, daß dem fast dreißigjährigen Jesus der Gang zum Kreuzestod nicht leicht gefallen ist: „Da ergriff ihn Angst und Trauer" (Matthäus 26,37) „und sein Schweiß wurde wie Blutstropfen, die auf die Erde fielen" (Lukas 22,44). Jesus fleht den Vater an: „Alles ist dir möglich, laß diesen Kelch an mir vorübergehen! Doch nicht, was ich will, sondern was du willst, soll geschehen" (Lukas 14,36).

Jesus war seinem göttlichen Vater gehorsam, gehorsam bis zum Tod am Kreuz. Aber dieser Gehorsam war alles andere als leicht. Im höchsten Grad bleibt verborgen, was wirklich zwischen dem göttlichen Vater und dem Flehen des menschgewordenen Gottessohnes geschehen ist.

(kurze Pause)

Einstimmung zum vierten Gesätzchen

> „Der am Kreuz unter der Gottverlassenheit
> gelitten hat"

Die im Neuen Testament aufgezeichneten Worte Jesu zeigen eine tiefgreifende, keineswegs geglättete Spannung. Im Jesus-Wort: „Ich und der Vater sind eins" (Johannes 10,30) wird von der innigen Verbundenheit des Sohnes mit dem Vater gesprochen. Im Schrei des Gekreuzigten: „Mein Gott, mein Gott, warum hast du mich verlassen?" (Psalm 22,2 = Markus 15,34; Matthäus 27,46) ist dagegen eine erschütternde Kluft zwischen dem Vater und dem Sohn herauszuhören.

Gestehen wir es offen und ehrlich ein: Mit dem verbürgten Wort der Gottverlassenheit Jesu stoßen wir an die Grenze unserer Christus-Deutung. Ein solches Wort kann man nicht erfinden und nachträglich in den Mund Jesu legen. Gerade die bleibende Schwierigkeit der Auslegung läßt auf ein echtes Ur-Wort Jesu schließen, dessen gültige Deutung hier auf Erden wohl versagt bleiben wird.

Auch der Apostel Paulus stand in tiefer Erschütterung vor dem Gekreuzigten. So erklären sich seine Worte: „Ihr seid um einen teuren Preis erkauft" (1 Korinther 6,2).

(kurze Pause)

Einstimmung zum fünften Gesätzchen

> „Der als Gekreuzigter und Auferstandener der
> ganzen Welt Versöhnung geschenkt hat"

Wer von Jesus, dem Christus, spricht, spricht von Befreiung, von Versöhnung und vom Frieden. „Frieden hinterlasse ich euch, meinen Frieden gebe ich euch; nicht einen Frieden, wie die Welt ihn gibt, gebe ich euch. Euer Herz beunruhige sich nicht und verzage nicht" (Johannes 14,27).

Im Laufe der Weltgeschichte sind immer wieder „Heilbringer" aufgetreten. Sie haben den Menschen das Paradies und eine goldene Zukunft ohne Angst und Sorge versprochen. Nicht selten haben sie Blut und Tränen gebracht und Trümmerfelder hinterlassen. In guten wie in bösen Tagen, in Gesundheit und Krankheit, vor allem im Sterben können wir uns auf jenen Einen wirklich verlassen, der nicht nur die Welt und die Sünder geliebt hat, sondern der selbst, in seiner Person, Liebe von Ewigkeit her ist. Dieser Jesus, der menschgewordene Sohn Gottes, unser Erlöser und unser Mitbruder zugleich, wird uns nie enttäuschen. Auf ihn können wir uns in Zeit und Ewigkeit verlassen.

(kurze Pause)

Lied zum Abschluß: O Jesu, all mein Leben bist du,
1. Strophe (Gotteslob Nr. 472)

1. O Jesu,
   all mein Leben bist du,
   ohne dich nur Tod.
   Meine Nahrung bist du,
   ohne dich nur Not.
   Meine Freude bist du,
   ohne dich nur Leid.
   Meine Ruhe bist du,
   ohne dich nur Streit,
   o Jesu.

Text: Schulgesangbuch Fulda, Hannover 1838
Melodie: Hannover 1838 / Köln 1853

7.
Rosenkranz über die Botschaft Jesu Christi

Vorbemerkung

Der christliche Glaube hat viele Erfahrungsmöglichkeiten. Grundlegend bleibt das Hören der Botschaft: „Der Glaube gründet in der Botschaft, die Botschaft im Wort Christi" (Römer 10,17).

Um hörfähig für das Wort Gottes zu werden, braucht es nicht nur Ruhe, Besinnung und Sammlung. Ohne Gnadenhilfe Gottes kann die Gefahr auftreten, sich „über" das Wort Gottes zu stellen. Dem Menschen aber ist es angemessen, sich als Hörender „unter" das Wort Gottes zu stellen: Rede Herr, dein Diener hört!

Die Geschichte der Literatur weist gewiß großartige Texte der Tröstung, der Ermutigung und der Entscheidung auf. Gemessen an der Bedeutung des Gotteswortes für Zeit und Ewigkeit bleiben sie jedoch zweitrangig. „Herr, wohin sollen wir gehen? Du hast Worte des ewigen Lebens" (Johannes 6,68). Nur im Gleichklang mit Gott und im wohlgestimmten Klang seiner ganzen Existenz kann Gottes Wort im Menschen unverzerrt zum Erklingen kommen.

In Jesus Christus, dem menschgewordenen Sohn Gottes, sind Wort und Wahrheit Gottes Fleisch geworden – erkennbar und erfaßbar in irdischer Sprachgestalt. Seine Botschaft hat deshalb fundamentale Bedeutung, weil es darüber hinaus keine weitere, für die ganze Menschheit verbindliche Botschaft geben wird. „Meine Worte werden nicht vergehen" (Matthäus 24,35).

Gesamtüberblick über die fünf Gesätzchen des Rosenkranzes über die Botschaft Jesu Christi:

> „Der zu Umkehr und Buße aufgerufen hat"
> „Der den Anbruch des Reiches Gottes
> verkündet hat"
> „Der in der Bergpredigt das neue Denken und
> Leben der Erlösten aufgezeigt hat"
> „Der das Zeichen ist, dem widersprochen wird"
> „Der uns zur Kreuzesnachfolge ermutigt hat"

Nach der Einleitung (Apostolisches Glaubensbekenntnis, Ehre sei, Vaterunser, drei Ave Maria mit den Gesätzchen der göttlichen Tugenden Glaube, Hoffnung und Liebe, sowie dem abschießenden Ehre sei) folgt – nach einer kurzen Stille – die Gesamteinstimmung, gesprochen vom Vorbeter (Priester, Diakon, Laie). Die Einstimmung zu den einzelnen Gesätzchen wird jeweils nach dem eröffnenden Vaterunser und nach dem ersten Ave Maria gesprochen.

Gesamteinstimmung

Die Botschaft Jesu Christi ist aufgezeichnet im Neuen Testament. Wir müssen aber immer wieder lernen, daß sie umfassender ist als die Sammlung seiner Worte.

Wort und Person, Wort und Werk dürfen nicht voneinander getrennt noch gegeneinander ausgespielt werden. Person, Wort und Werk Jesu bilden eine untrennbare Einheit. Sie ergänzen und kommentieren einander.

Aus der Selbstaussage Jesu: „Ich bin der Weg und die Wahrheit und das Leben" (Johannes 14,6) ist überdeutlich herauszuhören: Wo Christus ist, da ist Gott, da lebt Gott, da spricht Gott, da liebt und erwählt Gott, da entscheidet und leidet Gott. Die Botschaft Jesu ist die ausdeutende und weiterführende Auslegung seiner Existenz und seiner Sendung. Das Leben Jesu wiederum ist der Kommentar seiner Botschaft, genau wie seine Botschaft der Kommentar seines Lebens und seiner Sendung ist.

Die Botschaft Jesu in diesem umfassenden Sinn will nicht nur gehört werden und betroffen machen. Sie will in der Nachfolge Christi im Alltag wie in den großen Lebensentscheidungen verwirklicht werden. Das Wort Jesu ernstnehmen, heißt, sich auf diesen Jesus einlassen, sich auf ihn verlassen – im stets neuen Risiko des eigenen Glaubens und der eigenen Lebensgeschichte.

(kurze Pause)

Formen des Rosenkranzgebetes

Einstimmung zum ersten Gesätzchen

> „Der zu Umkehr und Buße aufgerufen hat"

Wer Jesus ernstnehmen will, muß zuerst sich selbst ernstnehmen – sein Leben, die Motive seiner Entscheidungen und seiner Ziele. Man kann vor Gott wie auch vor seinen Mitmenschen „sein Gesicht verlieren", wenn man glaubt, ohne Gott sich verstehen und lieben zu können. Nur wer Gott kennt, kennt den Menschen. Es gilt aber auch der umgekehrte Satz: Nur wer den Menschen kennt, kennt Gott.

Nicht der Mensch, sondern Gott ist das Maß aller Dinge. Entscheidend ist daher die Frage: Welche Bedeutung, welchen Stellenwert hat Gott in meinem Leben? Umkehr ist mehr als die Änderung einer Wegrichtung (Markus 1,15). Umkehr hat ihre Wurzel in der Änderung des Herzens, in der Korrektur eines Lebens ohne Gott. Dies bedeutet, eine falsche Wegrichtung einzugestehen und entschieden den rechten Weg zu wagen – nicht selten im Gegenwind zum Denken und Handeln vieler Mitmenschen.

(kurze Pause)

Einstimmung zum zweiten Gesätzchen

> **„Der den Anbruch des Reiches Gottes
> verkündet hat"**

In immer neuen Bildern und Gleichnissen hat Jesus vom Reich Gottes, dem Himmelreich, gesprochen. Er spricht vom Reich Gottes wie von einer großen Kostbarkeit, auf die sich Menschen genauso vorbereiten können wie sie sich auch um sie kümmern müssen: „Das Reich Gottes ist nahe" (Markus 1,15). „Das Reich Gottes ist (schon) mitten unter euch" (Lukas 17,21).

Das Reich Gottes ist noch nicht in seiner Vollgestalt da. Es ist erst im Kommen. Es befindet sich in einem Entfaltungs- und Reifungsprozeß. Mit Recht heißt es daher in der Vaterunser-Bitte: „Dein Reich komme!"

Was aber ist das Reich Gottes? Auf den einfachsten Nenner gebracht: Reich Gottes ist das Leben und Wirken Jesu Christi im Erlösten, in der Menschheit, im gesamten Universum.

Die Frage nach dem Reich Gottes oder nach dem Wesen des Christentums kann man nicht mit abstrakten Sätzen oder allgemeinen Ideen beantworten. Romano Guardini (1885–1968) hat zur geistlichen Orientierung die knappe, leicht einprägsame und abrufbare Losung ausgegeben: „Das Christentum, das ist Jesus!", der gekreuzigte und auferstandene Sohn Gottes. Dem Apostel Paulus ist dieses Gnadenerlebnis widerfahren: „Nicht mehr ich lebe, Christus lebt in mir" (Galater 2,20).

(kurze Pause)

Einstimmung zum dritten Gesätzchen

> **„Der in der Bergpredigt das neue Denken und Leben der Erlösten aufgezeigt hat"**

Die Bergpredigt liegt in zwei Fassungen vor – Matthäus 5,1–7,29 und Lukas 6,20–49 – und bietet einen Impulskatechismus, in dem das neue Denken und Handeln der Erlösten zusammengefaßt ist. Christlich denken und leben heißt – heute mehr denn je – „alternativ" denken und leben. Darin liegt der Auftrag, einen anderen Lebensstil zu wagen und zu verwirklichen, als er heute vielfach üblich ist.

Die Seligpreisungen der Bergpredigt weisen hin auf die überaus hohe Meßlatte, die für die Nachfolge Christi als herausfordernde, nie ganz zu erreichende Handlungsanweisung vorliegt. Nicht immer und nicht allen gelingt es, alle Seligpreisungen hier auf Erden und in ihrem Umfeld zu verwirklichen. Es sollte aber Leitmotiv jedes Christen sein, die Seligpreisungen der Bergpredigt

– so gut und so glaubwürdig wie möglich – in sein Leben und Wirken zu übersetzen – als Arbeiter oder Landwirt, als Arzt, Jurist oder Politiker, als Mutter und Hausfrau, als Telefonistin oder Kindergärtnerin.

„Reich Gottes" ist das christliche Hoffnungsbild einer guten Zukunft der Menschheit, die Gott den Menschen schenken möchte.

(kurze Pause)

Einstimmung zum vierten Gesätzchen

> **„Der das Zeichen ist, dem widersprochen wird"**

Im Lukasevangelium ist jenes geheimnisvolle Wort über Jesus festgehalten, das der greise Simeon an Maria, die Mutter Jesu, im Tempel von Jerusalem gerichtet hat: „... er wird ein Zeichen sein, dem widersprochen wird. Dadurch sollen die Gedanken vieler Menschen offenbar werden" (Lukas 2,34–35).

Nicht wenige Menschen suchen heute einen sanften Jesus, einen Jesus „zum Anfassen", einen Jesus, der Lebenshilfe und Tröstung, Heimat und Geborgenheit vermittelt. Zu allen Zeiten scheiden sich die Geister an Jesus, in dem Gott sich zugleich offenbart und verhüllt. Jesus aber ruft allen Menschen zu: „Kommet alle zu mir,

Formen des Rosenkranzgebetes

die ihr euch plagt und unter Lasten stöhnt! Ich werde euch Ruhe verschaffen ... Denn mein Joch drückt nicht, und meine Last ist leicht" (Matthäus 11,28.30).

Jesus will klare Entscheidungen, keine Mitläufer. „Wer nicht mit mir ist, der ist gegen mich. Wer nicht mit mir sammelt, der zerstreut" (Matthäus 12,30). Jesus will engagierte Nachfolger und Mitstreiter, die für viele Mitmenschen – wie er selbst – zum Zeichen werden, dem widersprochen wird.

(kurze Pause)

Einstimmung zum fünften Gesätzchen

> „Der uns zur Kreuzesnachfolge ermutigt hat"

Wer in die Nachfolge Jesu eintreten will, weiß, daß er von Jesus gefordert wird. „Wer mir nachfolgen will, verleugne sich selbst, nehme sein Kreuz auf sich und so folge er mir" (Matthäus 16,24).

Jesus fordert Entscheidungen und Haltungen, die heute nicht gefragt sind: Selbstkritik und Selbstverleugnung. Wer Jünger des Herrn sein will, muß zuerst an sich selbst, an seinen Fehlern und Eigenwilligkeiten, an Ecken und Kanten seines Selbst arbeiten. Wir werden nicht wie Simon von Cyrene (Markus 15,21) aufgerufen, Jesus das Kreuz abzunehmen und es ihm nachzutragen. Jeder soll vielmehr „sein" Kreuz tragen und mit seinen Fehlern, durch die er nicht selten seinen Mitmenschen das Leben schwer macht, fertig werden.

Nachfolge Christi ist die stets neue Übersetzung der Sendung Jesu in die Gegenwart, in das Umfeld seines Lebens, seiner Familie, seines Berufes. Wer glaubt, Jesus ohne sein Kreuz nachfolgen zu können, hat weder sich noch seinen christlichen Auftrag verstanden.

(kurze Pause)

Lied zum Abschluß: Mir nach, spricht Christus, unser Held (Gotteslob Nr. 616)

1. „Mir nach", spricht Christus, unser Held,
   mir nach, ihr Christen alle!
   Verleugnet euch, verlaßt die Welt,
   folgt meinem Ruf und Schalle;
   nehmt euer Kreuz und Ungemach
   auf euch, folgt meinem Wandel nach.
2. Ich bin das Licht. Ich leucht euch für
   mit meinem heilgen Leben.
   Wer zu mir kommt und folget mir,
   darf nicht im Finstern schweben.
   Ich bin der Weg, ich weise wohl,
   wie man wahrhaftig wandeln soll.
3. Fällt's euch zu schwer? Ich geh voran,
   ich steh euch an der Seite.

Ich kämpfe selbst, ich brech die Bahn,
bin alles in dem Streite.
Ein böser Knecht, der still kann stehn,
sieht er voran den Feldherrn gehn.
4. Wer seine Seel zu finden meint,
wird sie ohn mich verlieren.
Wer sie um mich verlieren scheint,
wird sie nach Hause führen.
Wer nicht sein Kreuz nimmt und folgt mir,
ist mein nicht wert und meiner Zier."
5. So laßt uns denn dem lieben Herrn
mit unserm Kreuz nachgehen
und wohlgemut, getrost und gern
in allen Leiden stehen.
Wer nicht gekämpft, trägt auch die Kron
des ewgen Lebens nicht davon.

Text: Angelus Silesius 1668
Melodie: Bartholomäus Gesius 1605 – Johann Hermann Schein 1628

8.
Dank-Rosenkranz für die sieben Sakramente

Vorbemerkung

Im Denken und Leben vieler unserer Mitmenschen ist an keiner anderen Stelle der Bruch zwischen Sichtbarem und Unsichtbarem, zwischen Materiellem und Rationalem, zwischen Diesseits und Jenseits so deutlich wie im Verständnis dessen, was herkömmlch mit „Sakramente" umschrieben wird. 1964 hatte bereits Romano Guardini (1885–1968) in einem aufsehenerregenden Brief die Frage der Liturgie- und Symbolunfähigkeit vieler Christen aufgeworfen. Er hat damit eine klaffende Wunde im Glauben aufgezeigt. In der Zwischenzeit hat sich die Situation erheblich verändert – und zwar zum Schlechteren. Viele erwachsene Christen haben heute mit den Sakramenten ihre liebe Not, auch wenn sie ihre Schwierigkeiten nur selten offen und öffentlich eingestehen.

Noch empfängt „man" die Sakramente. Sie gehören noch zum Lebensweg vieler Christen in Europa. Sie gleichen farbigen Blumengebinden und schönen, in Fotos festgehaltenen Erlebnissen, die man nicht missen und die man auch seinen Kindern nicht vorenthalten möchte: Taufe, Erstkommunion, Firmung, Trauung. Will man aber wirklich ein „Sakrament" empfangen? Für nicht wenige ist z. B. die Teilnahme an einer Beerdigung im Friedhof wichtiger als die Mitfeier des Totengottesdienstes. Übrigens wird gerade bei Taufen oder Hochzeiten die Kirchen- und Sakramentenfremdheit der Mitfeiern-

den, selbst der Eltern und Paten des Taufkindes – oder auch des Brautpaares –, erschütternd und schwer nachvollziehbar offenkundig.

Der Dank-Rosenkranz für die sieben Sakramente möchte nicht nur den gesamten sakramentalen Kosmos ins gläubige Bewußtsein heben. Er möchte mithelfen, in behutsam-meditativer Hinführung und Einübung, und gewiß auch unter der Gnadenführung Gottes, die Augen des Denkens und des Herzens zu öffnen für jene unerhörte, sakramentale Wirklichkeit, in der sich Göttliches und Menschliches, Sichtbares und Unsichtbares, Zeitliches und Ewiges, Natürliches und Gnadenhaftes begegnen und durchdringen.

Wir sollten wieder sensibel und hellhörig werden für jene Herabneigung Gottes, für jene Fortsetzung und Ausweitung der Menschwerdung des ewigen Gottessohnes – wie dies Hugo Rahner (1900–1968) eindringlich vor Augen geführt hat: „So unerhört tief hat sich der dreifaltige Gott in die Greifbarkeit des Irdischen herabgebeugt, daß er sein Leben nicht etwa nur in die Hände von Menschen legt, sondern von Dingen abhängig macht, von Zeichen, von Handlungen und geflüsterten Worten, von Wasser und Brot und Wein und Öl und Chrisam."

Die sakramentale Wirklichkeit, die in der Geschichte ihre kühnste und höchste Realisierung im menschgewordenen Sohn Gottes, im Gott-Menschen Jesus Christus erfahren hat, ist ebenso weit vom Materialismus, der Nur-Materie-Utopie, entfernt wie vom Rationalismus, der Nur-Geist-Utopie. „Das" Christentum ist keine freischwebende, religiöse, noch so fein gefilterte und ausdifferenzierte Idee. Das „Wesen" des Christentums ist mehr als die exemplarische Sammlung biblischer und dogmatischer Texte zwischen zwei Buchdeckeln. Der unvergessene Tübinger Dogmatiker Karl Adam (1876–1966) hat dies lapidar und eindringlich so formuliert: „Das Christentum ist sakramentales Christentum, und ein anderes Christentum gibt es nicht".

Der Dank-Rosenkranz für die sieben Sakramente will nachdenklich machen über jene vielfältigen Zeichen der Freundschaft Christi, die man zwar empfangen, aber für die man sich kaum oder doch zu wenig bedankt hat, und deren Ausstrahlung im eigenen Leben und Wirken vielfach nur als äußerst dürftig und fragmentarisch zu bezeichnen ist.

Seit Jesus Christus als menschgewordener Sohn Gottes in diese Welt kam und die Wege seiner Gnade verkündet wie in sichtbaren Zeichen deutlich gemacht hat, kann kein heilsuchender Mensch unter Mißachtung dieser aufgezeigten Wege der Versöhnung und Freundschaft „seinen" selbst entworfenen Weg zum Heil gehen. Wer die im Wort und in den Sakramenten ausgestreckte Hand des Herrn ausschlägt, befindet sich noch im Gefängnis seiner Eigenmächtigkeiten. Früher oder später erweisen sich seine Wege als Irrwege, die vor dem Ziel zum Scheitern verurteilt sind.

Sehr klar schreibt die heilige Katharina von Siena (1347–1380): „Gott hat es so eingerichtet, daß durch dessen Hände Christi Blut und alle Sakramente der Kirche zu uns kommen. Es gibt keinen anderen Weg und keine andere Pforte für uns".

Gesamtüberblick über die sieben Gesätzchen des Dank-Rosenkranzes für die sieben Sakramente – wobei zu beachten ist, daß jeweils nicht zehn, sondern *sieben* Ave Maria mit einem Gesätzchen gebetet werden:

> „Der uns im Sakrament der Taufe von Schuld befreit und zu Kindern Gottes gemacht hat"
>
> „Der uns im Sakrament der Firmung für ein konsequentes christliches Leben in der Welt von heute gestärkt hat"
>
> „Der als Gekreuzigter und Auferstandener im Sakrament der Eucharistie zum Heil der ganzen Welt gegenwärtig und wirksam ist"
>
> „Der uns im Sakrament der Buße die Gnade der Versöhnung geschenkt hat"
>
> „Der uns im Sakrament der Krankensalbung die Gnade eines guten Sterbens anbietet"
>
> „Der im Sakrament der Priesterweihe dem pilgernden Gottesvolk Verkünder seines Wortes und Ausspender seiner Geheimnisse gibt"
>
> „Der im Sakrament der Ehe die Liebe und Treue zweier Menschen und ihre Gewissensentscheidung im Sinne der Familie mit seiner Gnade begleitet"

Nach der Einleitung (Apostolisches Glaubensbekenntnis, Ehre sei, Vaterunser, drei Ave Maria mit den Gesätzchen der drei göttlichen Tugenden Glaube, Hoffnung und Liebe, sowie dem abschließenden Ehre sei) folgt – nach einer kurzen Stille – die Gesamteinstimmung, gesprochen vom Vorbeter (Priester, Diakon, Laie). Die Einstimmung zu den einzelnen Gesätzchen wird jeweils nach dem eröffnenden Vaterunser und vor dem ersten Ave Maria gesprochen.

Gesamteinstimmung

An unserem irdischen Lebensweg stehen immer wieder die Sakramente. Einige von ihnen, wie z. B. Taufe und Firmung, empfangen wir nur ein einziges Mal, andere mehrfach. Alle Sakramente haben einen gemeinsamen Ursprung – Jesus, den Christus, der nicht nur Stifter, sondern das bleibende, sich verschenkende Leben aller Sakramente ist. Jesus Christus ist das Zeichen, in dem wir der Sorge Gottes für uns Menschen begegnen, die in seiner Kirche lebendig und wirksam bleibt, bis er wiederkommt in Herrlichkeit.

Jesus Christus ist der Handelnde, der Auswählende, der Schenkende. Wir Menschen sind stets die Empfangenden, die Beschenkten. Jedes Sakrament hat eine zweifache, eine persönliche und eine gemeinschaftliche Aufgabe. Es verbindet den Einzelchristen mit Christus. Es verbindet gleichzeitig auch mit der Gemeinschaft der Christen. Mit Recht wurde daher die Frage aufgeworfen: Sage mir, welche Bedeutung die Sakramente in deinem Leben haben und ich sage dir, was dir Christus, was dir aber auch die Kirche, das pilgernde Volk Gottes deiner Pfarrgemeinde, deines Bistums, der Weltkirche bedeutet! Die Sakramente haben eine umfassende, gemeinschaftsstiftende und gemeinschaftsvertiefende Aufgabe: Gemeinschaft mit Christus, die nicht getrennt werden kann von der Gemeinschaft mit der Kirche.

Als Mutter Teresa von Kalkutta gefragt wurde, von wem sie und ihre Mitschwestern Kraft und Begeisterung für den schweren Dienst an unheilbar Kranken und Sterbenden erhielten, gab sie die entwaffnend einfache Antwort: „Von Jesus und den Sakramenten".

(kurze Pause)

Einstimmung zum ersten Gesätzchen

„Der uns im Sakrament der Taufe von Schuld befreit und zu Kindern Gottes gemacht hat"

Es ist heute nicht mehr selbstverständlich, ein Kind taufen zu lassen. Wer selbst im Glauben an Christus lebt und ohne Gottverbundenheit sich sein Leben nicht vorstellen kann, wird gewiß auch seinem Kind im Sakrament der Taufe die Freundschaft mit Christus vermitteln wollen. Auch das Kind soll ein glückliches Leben erfahren, und zwar als ein mit und durch Christus geglücktes Leben. Auch in Nöten und Schwierigkeiten des Lebens, in Krankheit, bei Unglücksfällen und Schicksalsschlägen möge, so hoffen und beten die

Eltern, Christus ihren Kindern und ihren späteren Familien tröstend und helfend zur Seite stehen. Ausschlaggebend ist heute für die Spendung der Taufe nicht die Konvention, nicht das Milieu, sondern die glaubwürdige, durch ein christliches Leben untermauerte Entscheidung der Eltern.

Wer sein Kind taufen läßt, tut dies in der Rückbesinnung auf die eigene Taufe und in der Beantwortung der Frage, was daraus in seinem eigenen Leben geworden ist. Eltern sollten auf die Frage ihrer erwachsenen Kinder: Warum habt ihr mich taufen lassen? eine überzeugende Antwort aus einem Leben des Glaubens, der Christusfreundschaft und der Kirchentreue geben können.

Sollten wir alle uns nicht bei jedem „Ehre sei dem Vater und dem Sohn und dem Heiligen Geist" daran erinnern, daß wir „im Namen des Vaters und des Sohnes und des Heiligen Geistes" in die Herrlichkeit des dreifaltigen Gottes hineingetaucht wurden? Jedes Weihwasser, das wir nehmen und mit dem wir uns bekreuzigen, stellt eine Erinnerung an das Gnadenereignis unserer Taufe dar!

(kurze Pause)

Lied: Fest soll mein Taufbund immer stehn, 1. Strophe (nach Abschluß der sieben Ave Maria und nach dem Ehre sei)

1. Fest soll mein Taufbund immer stehn,
   ich will die Kirche hören;
   sie soll mich allzeit gläubig sehn
   und folgsam ihren Lehren.
   Dank sei dem Herrn, der mich aus Gnad
   in seine Kirch berufen hat
   nie will ich von ihr weichen!

Text: München 1810
Melodie: Bonn 1826

Einstimmung zum zweiten Gesätzchen

> **„Der uns im Sakrament der Firmung für ein konsequentes, christliches Leben in der Welt von heute gestärkt hat"**

Der Heilige Geist hat das erste Pfingstfest mit Sturm und Sprachenwunder, mit Aufregung und Verwirrung begleitet (Apostelgeschichte 2,1–4). Der Firmtag, das persönliche Pfingstfest jedes katholischen Christen, hat heute meist keine spürbare Langzeitwirkung. Es genügt nicht, ein Sakrament nur zu empfangen. Jedes Sakrament drängt auf Vertiefung und Ausstrahlung, damit aus Lebensgeschichte Glaubensgeschichte werden kann.

Formen des Rosenkranzgebetes

Johannes Maria Vianney (1765–1859), der heilige Pfarrer und unermüdliche Seelsorger und Beichtvater von Ars, hat mit Recht gesagt: „Es gibt Leute, die finden Religion langweilig – das ist ein Zeichen, daß sie den Heiligen Geist nicht haben". Es kann aber auch ein Zeichen dafür sein, daß sie mit dem in ihnen wohnenden Heiligen Geist nicht so mitwirken, wie es Gott von ihnen erwartet. Der Heilige Geist, der Lebendigmacher, sucht – heute mehr denn je – opferbereite und einsatzfreudige Mitarbeiter. Er möchte Leben und Bewegung in seine Kirche bringen und den Christen Mut zur Dynamik, zur Bewegung, zur Evangelisation machen.

Das Sakrament der Firmung will immerwährende Herausforderung sein, in der Welt von heute, die im Argen liegt, mutiges und mitreißendes Zeugnis der Wahrheit, der Liebe und des Friedens abzulegen. Nicht das Einmalige, das Extravagante und Sensationelle ist heute wichtig. Es kommt vielmehr darauf an, das Gewöhnliche, das Monotone und Alltägliche außergewöhnlich gut und überzeugend zu tun. Der Pfingstgeist des Firmsakramentes komme über uns, um mit uns das Angesicht der Erde zu erneuern!

(kurze Pause)

Lied: Nun bitten wir den Heiligen Geist, 1. Strophe (Gotteslob Nr. 248)
(nach Abschluß der sieben Ave Maria und nach dem Ehre sei)

1. Nun bitten wir den Heiligen Geist
   um den rechten Glauben allermeist,
   daß er uns behüte an unserm Ende,
   wenn wir heimfahrn aus diesem Elende.
   Kyrieleis.

Text: aufgezeichnet von Berthold von Regensburg
(1210–1272)
Melodie: 14. Jahrhundert / Neufassung 1970

Einstimmung zum dritten Gesätzchen

> **„Der als Gekreuzigter und Auferstandener im Sakrament der Eucharistie zum Heil der ganzen Welt gegenwärtig und wirksam ist"**

An wievielen Orten der Erde wird am heutigen Tag, zur gleichen Stunde, die heilige Messe gefeiert! Jede Eucharistiefeier schaut zurück zur Feier im Abendmahlsaal. Damals hat Jesus den Auftrag gegeben: „Tut dies zu meinem Gedächtnis!" Sie schaut aber auch vorwärts in die Zukunft, wenn einmal die letzte heilige Messe in der Geschichte der Menschheit gefeiert wird, „bis der Herr wiederkommt" (1 Korinther 11,26).

Von Christus werden wir immer wieder eingeladen – zum Bekenntnis des Glaubens wie zur Anbetung. Jede

Formen des Rosenkranzgebetes

Eucharistiefeier, vor allem an den Sonntagen, die besondere Erinnerungstage der Auferstehung Jesu Christi sind, ist immer auch Einübung auf die Ewigkeit, auf die nie endende Liturgie der himmlischen Herrlichkeit. Wann werden wir unsere letzte Eucharistiefeier hier auf Erden mitfeiern können? Der Herr über Leben und Tod allein weiß es. Eucharistie ist die große Danksagung der erlösten Menschheit, um hier auf Erden aus der Kraft des Heiligen Geistes und in und mit und durch Jesus Christus den Vater zu preisen, der im Himmel ist.

(kurze Pause)

Lied: Das Heil der Welt, Herr Jesus Christ, 1. Strophe (Gotteslob Nr. 547)
(nach Abschluß der sieben Ave Maria und nach dem Ehre sei)

1. Das Heil der Welt, Herr Jesus Christ,
   wahrhaftig hier zugegen ist.
   Im Sakrament das höchste Gut
   verborgen ist mit Fleisch und Blut.

Text und Melodie: Köln 1638

Sieben Sakramente

Einstimmung zum vierten Gesätzchen

> „Der uns im Sakrament der Buße die Gnade
> der Versöhnung geschenkt hat"

Die Geduld und Barmherzigkeit Gottes erfahren wir Menschen, die trotz bester Vorsätze immer wieder versagen, am eindringlichsten im Sakrament der Buße. Trotzdem gibt es kein anderes Sakrament, das heute so sehr in der Kritik steht und auf Ablehnung stößt, wie gerade das Sakrament der Versöhnung.

Der Weg zur Beichte wird für viele Menschen erschwert und erscheint sinnlos, weil sie sich keiner Sünde bewußt sind. Sünde ist mehr als die Übertretung eines Gebotes, eines Gesetzes, einer Vorschrift. Durch die Sünde vollzieht sich ein Bruch zwischen dem menschlichen Ich und dem göttlichen Du. Sünde ist die vom Menschen praktizierte Aufkündigung einer Freundschaft, die Gott unverdient geschenkt hat und die zur Auszeichnung und Würde des Menschen zählt. „Nicht wir haben Gott geliebt, sondern er hat uns (zuerst) geliebt" (1 Johannes 4,10.19).

Um die Menschen aus der Gottferne zu erlösen, „hat der Vater den, der keine Sünde kannte, für uns zur Sünde gemacht" (2 Korinther 5,21). „Er hat sich entäußert, nahm Knechtsgestalt an ... und war gehorsam bis zum Tod, ja bis zum Tod am Kreuz" (Philipper 2,7–8).

Formen des Rosenkranzgebetes 134

Mit Recht mahnt uns der Apostel Paulus: „Ihr seid um einen teuren Preis erkauft" (1 Korinther 6,20). Was sich dabei vollzog, hat der alttestamentliche Prophet Ezechiel anschaulich beschrieben: „Ich nahm das Herz von Stein aus ihrer Brust und gab ihnen ein Herz von Fleisch" (Ezechiel 11,19).

Wer im Sakrament der Buße Versöhnung und erneuerte Christusfreundschaft empfangen durfte, sollte in seinem Leben, in seinem familiären und beruflichen Umfeld, zum Zeichen der Versöhnung werden: „Vergib uns unsere Schuld, wie auch wir unsern Schuldigern vergeben haben, vergeben werden!"

(kurze Pause)

Lied: Aus tiefer Not schrei ich zu dir, 1. Strophe (Gotteslob Nr. 163)
(nach Abschluß der sieben Ave Maria und nach dem Ehre sei)

1. Aus tiefer Not schrei ich zu dir,
   Herr Gott, erhör mein Rufen;
   dein gnädig Ohr neig her zu mir
   und meiner Bitt es öffne.
   Denn so du willst das sehen an,
   was Sünd und Unrecht ist getan,
   wer kann, Herr, vor dir bleiben?

Text und Melodie: Martin Luther 1524

Einstimmung zum fünften Gesätzchen

> **„Der uns im Sakrament der Krankensalbung die Gnade eines guten Sterbens anbietet"**

An jener Schwelle, wo sich der Überschritt vom Diesseits zum Jenseits ereignet, wird der Christ mit dem Sakrament der Krankensalbung beschenkt. Wenn an dieser Grenzsituation des Lebens ein eigenes Sakrament gespendet wird, so wird damit nachdrücklich betont, daß dieser Überschritt nicht leicht ist und daß er vor allem für eine ganze Ewigkeit entscheidend wird. Die heilige Karmelitin Theresia von Lisieux (1873–1897) schreibt daher: „Betet für die Sterbenden! Wenn ihr wüßtet, was da vor sich geht!"

Das Sterben ist ein Stück unseres Lebens. Niemand kann einem anderen das Sterben abnehmen. Aber einem Menschen, der sich wegen Krankheit oder Altersschwäche in einem bedrohlichen Gesundheitszustand befindet, können Verwandte und Bekannte viele Hilfen geben, damit seine letzte Lebensetappe vor Gott gelingt. Die Erteilung der Krankensalbung sollte der Höhepunkt einer langen Begleitung durch Sorge und Pflege sein. Das Abschiednehmen, vor allem das „In-Frieden-Sterben", gelingen dann, wenn vorher schon das Altwerden in einer Atmosphäre der Liebe und der sich öffnenden Wahrheit möglich geworden ist. Im Psalm 90, Vers 12 lesen wir:

*„Lehre uns bedenken,
daß wir sterblich sind,
auf daß wir klug werden".*

(kurze Pause)

Lied: O Haupt voll Blut und Wunden, 6. Strophe (Gotteslob Nr. 179)
(nach Abschluß der sieben Ave Maria und nach dem Ehre sei)

6. Wenn ich einmal soll scheiden,
so scheide nicht von mir.
Wenn ich den Tod soll leiden,
so tritt du dann herfür.
Wenn mir am allerbängsten
wird um das Herze sein,
so reiß mich aus den Ängsten
kraft deiner Angst und Pein.

Text: Paul Gerhardt 1656
Melodie: Hans Leo Haßler 1601

Einstimmung zum sechsten Gesätzchen

> **„Der im Sakrament der Priesterweihe dem pilgernden Gottesvolk Verkünder seines Wortes und Ausspender seiner Geheimnisse gibt"**

„Die Ernte ist groß, aber es gibt nur wenig Arbeiter. Bittet also den Herrn der Ernte, Arbeiter für seine Ernte auszusenden" (Matthäus 9,38). Dieses Wort Jesu ist heute – angesichts des sich verschärfenden und immer spürbarer werdenden Priestermangels – von bedrängender Aktualität.

Gewiß schenkt Gott seiner Kirche nicht wenige einsatzbereite Laien, im Religionsunterricht und für kirchliche Dienste in den Pfarrgemeinden. Was nützen aber neu erbaute Kirchen, wenn an ihren Altären nicht mehr die Eucharistie gefeiert werden kann?

Um Priester- und Ordensberufe beten, heißt für eine Erneuerung des christlichen Glaubens in unserem Volk den Herrn bestürmen. Es heißt, für junge Familien beten, die aus dem christlichen Glauben leben und ihren Kindern, wenn diese sich berufen fühlen, den Weg zum ungeteilten Ja zu Christus und seiner Kirche nicht ausreden oder verschließen. O Herr, du allein weißt es, warum du unser Volk durch den Priestermangel prüfst! O Herr, laß dein Antlitz wieder leuchten über unserem Volk! Schenke ihm durch Priester- und Ordensberufe ein gute Zukunft, um in Treue und Dankbarkeit bei der Vollendung des Gottesreiches mitwirken zu dürfen!

(kurze Pause)

Lied: Lobet den Herren alle, die ihn ehren, 1. Strophe (Gotteslob Nr. 671)
(nach Abschluß der sieben Ave Maria und dem Ehre sei)

1. Lobet den Herren alle, die ihn ehren;
   laßt uns mit Freuden seinem Namen singen
   und Preis und Dank zu seinem Altar bringen.
   Lobet den Herren.

Text: Paul Gerhardt 1653
Melodie: Johann Crüger 1653

Einstimmung zum siebten Gesätzchen

> **„Der im Sakrament der Ehe die Liebe und Treue zweier Menschen und ihre Gewissensentscheidung im Sinne der Familie mit seiner Gnade begleitet"**

Es ist heute nicht mehr selbstverständlich, sich standesamtlich oder kirchlich trauen zu lassen. Auch die wachsende Zahl der Ehescheidungen und Häufigkeit von Abtreibungen ist erschütternd. Für den Entschluß zur ehelichen Lebensgemeinschaft „bis der Tod scheidet" bedarf es neben der Fülle des guten Willens, des Verzeihen- und Wieder-gut-sein-Könnens gewiß auch der besonderen Gnadenführung Gottes.

Gerade für die Ehe gelten die beiden Worte der Heiligen Schrift: „Sie werden eins im Fleische" (Genesis 2,24) und „Verherrlicht Gott in eurem Leibe" (1 Korinther 6,20). Damit Wagnis und Entscheidungen der ehelichen

Liebe gelingen, braucht es den tiefen Zusammenklang von menschlicher Treue und göttlicher Gnade. Die Liebe wird sich im Laufe der Jahre und Jahrzehnte wandeln. Sie wird reifen. „Die Liebe ist langmütig. Die Liebe ist gütig ... Die Liebe hört niemals auf" (1 Korinther 13,4.8). Bewahre, o Herr, die eheliche Gemeinschaft vor Gleichgültigkeit!

Der französische Schriftsteller Albert Camus (1913–1960) hat über die große, ein ganzes Leben bewahrte Liebe das so einfach klingende und doch so schwer einzulösende Wort hinterlassen:

„Einen Menschen lieben,
heißt einwilligen,
mit ihm alt zu werden".

(kurze Pause)

Schlußlied: Maria, breit den Mantel aus, 1. Strophe (Gotteslob Nr. 595)
(nach Abschluß der sieben Ave Maria und nach dem Ehre sei)

1. Maria, breit den Mantel aus,
   mach Schirm und Schild für uns daraus
   laß uns darunter sicher stehn,
   bis alle Stürm vorübergehn.
   Patronin voller Güte,
   uns allezeit behüte.

Text und Melodie: Innsbruck 1640

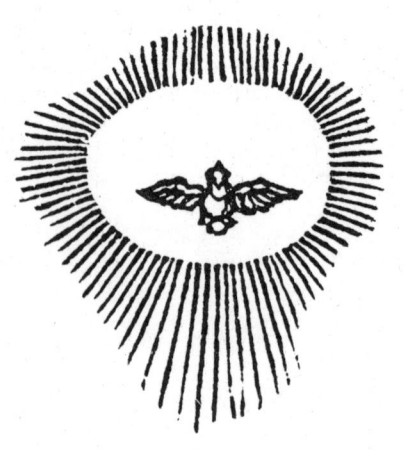

9.
Bitt-Rosenkranz um die sieben Gaben des Heiligen Geistes

Vorbemerkung

Im Laufe der christlichen Glaubensgeschichte hat es wiederholt stürmische Aufbrüche einer Heilig-Geist-Bewegung gegeben. Eine explosionsartige Bewegung wurde ausgelöst durch den mittelalterlichen Abt Joachim von Fiore (1131–1202), der in seiner Geschichtstheologie nach dem ersten Reich des Vaters, dem Alten Testament, und nach dem zweiten Reich des Sohnes, dem Zeitalter Jesu, das „Reich des Heiligen Geistes" mit dem Jahr 1260 beginnen ließ. Eine fiebrig-nervöse Heilig-Geist-Faszination brach damals aus. In Sack und Asche erwarteten viele das baldige Ende der Welt.

Aus ganz anderen Quellen kamen die charismatische Bewegung und die sogenannten Pfingstkirchen, die von der Mitte des 20. Jahrhunderts an weltweit auftraten. Gegenwart und Führung des Heiligen Geistes sollten stärker im Rahmen der Glaubenserfahrung und Gemeindeerneuerung lebendig werden. Geist-Erfahrung soll erlebt werden als Beziehungs-Erfahrung. Bei der „Einübung in die christliche Grunderfahrung" wird der Blick besonders hingelenkt auf die Geistesgaben, die Charismen.

Jeder Christ ist durch Taufe und Firmung „Charismatiker" (Matthäus 3,11; Apostelgeschichte 2,17–21), der ganz persönliche Gnadengaben empfangen hat, die fruchtbar werden sollen bei der „Auferbauung der Gemeinde in Fülle" (1 Korinther

14,12; Epheser 4,12). In persönlicher „Lebensübergabe" liefert sich der Christ der Gnadenführung und der Zuwendung, der Treue und Verfügbarkeit des Heiligen Geistes aus.

Der Heilige Geist ist der Lebendigmacher. Er ist „wie ein gewaltiger Sturm" (Apostelgeschichte 2,2), er ist die große, unheimliche Störung aller Sicherheiten und Bastionen, die von menschlicher Selbstgerechtigkeit errichtet werden, um das Angesicht der Erde im Geiste Christi zu erneuern. In den Getauften und Gefirmten sind die Geistesgaben bereits grundgelegt. Zur Glaubensgeschichte jedes Christen gehört es, diese Gnadengaben zu entfalten und im Dienste des Reiches Gottes wirken zu lassen.

Jede Geistesgabe, jedes Charisma, ist Sendungs- und Verantwortungsgnade „für andere", für die Gemeinschaft der Glaubenden. „Was ihr umsonst empfangen habt, das gebt auch umsonst wieder weiter" (Matthäus 10,8). Wer unter einem solchen Auftrag steht, muß zuerst im eigenen Leben dem Wirken des Heiligen Geistes sich öffnen und ausliefern. „Sehr tief muß nach innen gehen, wer so entschieden nach außen zu gehen verpflichtet ist" (Walter Dirks).

Im Anschluß an Jesaja 11,1–3 (vgl. dazu Römer 12,6–8; 1 Korinther 12,1–11.27–31, Epheser 4,11–12) wurde von der Siebenzahl der Gnadengaben des Heiligen Geistes gesprochen: Weisheit – Verstand – Rat – Stärke – Wissenschaft – Frömmigkeit – Gottesfurcht. Der Bitt-Rosenkranz um die sieben Gaben des Heiligen Geistes steht unter einer zweifachen Motivation: Zunächst soll der einzelne Beter als „Mystiker des Alltags" (Karl Rahner) die Heilig-Geist-Erneuerung in sich selbst Heilswirklichkeit werden lassen; sodann soll die missionarische Herausforderung unter der Mitwirkung des Heiligen Geistes erkannt und glaubwürdig, mutig, vor allem situationsrichtig, in das Leben und in die Heilig-Geist-Erneuerung der christlichen Einzelgemeinde, der ganzen Kirche und Gesellschaft aufgegriffen werden. Selbstheiligung und Apostolat lassen sich nicht voneinander trennen. Sie werden sich gegenseitig zur Anregung zur Provokation und Vertiefung.

Gesamtüberblick über die sieben Gesätzchen des Bitt-Rosenkranzes um die sieben Gaben des Heiligen Geistes – wobei zu beachten ist, daß jeweils nicht zehn, sondern *sieben* Ave Maria mit einem Gesätzchen gebetet werden:

> „Der uns durch den Heiligen Geist die Gabe der Weisheit zur Sinnfindung unseres Lebens geschenkt hat"
>
> „Der uns durch den Heiligen Geist die Gabe des Verstandes zur Unterscheidung der Geister verliehen hat"
>
> „Der uns durch den Heiligen Geist mit der Gabe des Rates in vielen Fragen unseres Lebens zur Seite steht"
>
> „Der uns durch den Heiligen Geist die Gabe der Stärke für seine Nachfolge gegeben hat"
>
> „Der uns durch den Heiligen Geist die Gabe der Wissenschaft, Wahres vom Falschen zu unterscheiden, mitgeteilt hat"
>
> „Der uns durch den Heiligen Geist mit der Gabe der Frömmigkeit zum rechten Beten befähigt hat"
>
> „Der über uns durch den Heiligen Geist die Gabe der Gottesfurcht und des Gottvertrauens ausgegossen hat"

Nach der Einleitung (Apostolisches Glaubensbekenntnis, Ehre sei, Vaterunser, drei Ave Maria mit den Gesätzchen der drei göttlichen Tugenden Glaube, Hoffnung und Liebe, sowie dem abschließenden Ehre sei) folgt – nach einer kurzen Stille – die Gesamteinstimmung, gesprochen vom Vorbeter (Priester, Diakon, Laie). Die Einstimmung zu den einzelnen Gesätzchen wird jeweils nach dem eröffnenden Vaterunser und vor dem ersten Ave Maria gesprochen.

Gesamteinstimmung

Im Glaubensbekenntnis wird von der Kirche erst nach und mit dem Bekenntnis des Heiligen Geistes gesprochen: „Ich glaube an den Heiligen Geist, die heilige, katholische Kirche". So ist das Zeitalter des Heiligen Geistes auch das Zeitalter der Kirche: „Der Pfingsttag kennt keinen Abend; denn seine Sonne, die Liebe, kennt keinen Untergang" (Hermann Schell).

Auf den inneren Zusammenhang von Heiligem Geist und Kirche hat Irenäus von Lyon (gestorben 202) nachdrücklich aufmerksam gemacht: „Wo die Kirche ist, da ist auch der Geist Gottes, und wo der Geist Gottes ist, da ist Kirche und jede Gnade und der Geist der Wahrheit. Abweichung von der Kirche ist die Verwerfung des Geistes und damit Ausschluß vom Leben".

Kirche ist mehr als Institution, mehr als Organisation oder Behörde. Sie ist ein lebendiger Organismus, der sein Leben vom Heiligen Geist, dem Lebendigmacher, immerfort empfängt. Wir alle sind Kirche und empfangen das Leben der Wahrheit und der Liebe aus der Überfülle des Heiligen Geistes. „Es gibt verschiedene Gnadengaben, aber nur den einen Geist. Es gibt verschiedene Dienste, aber nur den einen Herrn ... Alles bewirkt ein und derselbe Geist; einem jeden teilt er seine besondere Gabe zu, wie er will" (1 Korinther 12,4–5.11).

Je mehr die Kirche wächst und in Stürme gerät, desto größer wird der Beitrag der Christen werden. Guter Wille, Opferfreudigkeit und Einsatzbereitschaft allein genügen nicht. Ohne den Beistand des Heiligen Geistes bleibt der menschliche Einsatz Stückwerk und ohne Erfolg.

Der Bitt-Rosenkranz um die sieben Gaben des Heiligen Geistes will nicht nur den Blick des Glaubens auf diese Charismen hinlenken, die keineswegs außerordentliche, sondern im Sakrament der Taufe und der Firmung geschenkte Gnadengaben sind. Dieser Bitt-Rosenkranz will einen von Gottes Gnade begleiteten Doppelimpuls in uns allen wecken: den Gnadenimpuls zur entschiedenen und konsequenten Selbstheiligung und den Gnadenimpuls zum missionarischen Apostolat und zur engagierten Sorge und Verantwortung miteinander und füreinander.

(kurze Pause)

Formen des Rosenkranzgebetes

Einstimmung zum ersten Gesätzchen

> „Der uns durch den Heiligen Geist die Gabe der Weisheit zur Sinnfindung unseres Lebens geschenkt hat"

Im ersten Brief an die Christengemeinde von Korinth stellt der Apostel Paulus die irdische Weisheit der gottgeschenkten Weisheit gegenüber: „Christus – Gottes Kraft und Gottes Weisheit. Er ist uns von Gott her zur Weisheit, zur Rechtfertigung, Heiligung und Erlösung geworden" (1 Korinther 1,24.30). Menschliche Weisheit vergeht, wird überholt und immer wieder korrigiert. „Wir verkünden Gottes geheimnisvolle, verborgene Weisheit, die Gott schon vor aller Zeit zu unserer Verherrlichung vorherbestimmt hat" (1 Korinther 2,7).

Die Geistgabe der Weisheit macht hellsichtig, weil sie die Welt durchsichtig macht. Sie läßt teilnehmen an der Erkenntnis und Weisheit Gottes, so daß ein geheimnisvoller Gleichklang zwischen göttlichem und menschlichem Denken sich einstellt. Die Gabe der Weisheit schärft den Blick für das Wesentliche. Sie versteht es, die vielfältigen Erfahrungen und Wirklichkeiten in ihrem Rang und Wert zu ordnen. Sie öffnet den Blick für Sinn und Ziel unseres Lebens.

(kurze Pause)

Einstimmung zum zweiten Gesätzchen

> „Der uns durch den Heiligen Geist die Gabe des
> Verstandes zur Unterscheidung der Geister
> verliehen hat"

Der gläubige Mensch ist gleichzeitig ein denkender Mensch, der versucht, für sich und für das Gespräch mit anderen die Wirklichkeit des Glaubens tiefer und umfassender zu verstehen. Gewiß ist Gott unfaßbar. Nie und nimmer kann Gott völlig erfaßt und „in Begriff" gebracht werden, denn „Stückwerk ist unser Erkennen" (1 Korinther 13,9). „Gott entzieht sich immerfort unserem Zugriff. Er läßt sich nicht einfangen in Regeln, Systeme und Methoden", wie Ladislaus Boros (1927–1981) geschrieben hat.

Weggeleiter in die Wirklichkeit, in das Mysterium Gottes, ist allein der Heilige Geist, „der in alle Wahrheit einführen wird" (Johannes 16,12–13). Er bewahrt uns von Irrwegen und Fehldeutungen. Er formt unser denkendes Herz um in ein liebendes Herz und läßt dadurch jene köstliche und beseligende Ahnung in uns spürbar werden, die Gott denen bereitet hat, die ihn lieben. Nur mit einem geläuterten und liebenden Herzen erkennt man das Wesentliche und wird von jener seligen Unruhe erfaßt, die im Gespräch, in der Begegnung und in der Gemeinschaft mit Gott beglückende Ruhe findet.

(kurze Pause)

Einstimmung zum dritten Gesätzchen

> „Der uns durch den Heiligen Geist mit der Gabe des Rates in vielen Fragen unseres Lebens zur Seite steht"

In unserem Leben stehen wir immer wieder vor Entscheidungen. Fällen wir aber Entscheidungen, die in Zeit und Ewigkeit, vor den Menschen, und letztlich im Urteil Gottes bestehen können? Nicht selten wählen wir den bequemen Weg, der sich später als Irrweg herausstellt. Beten wir in Krisen- und Entscheidungssituationen um die Gnadengabe des Rates! Erbitten wir die innere Beratung durch den Heiligen Geist!

Allzu oft verlassen wir uns auf unser Wissen, auf unsere Sachkompetenz, auf den „Durchblick", den wir zu haben meinen. Sich vom Heiligen Geist beraten zu lassen, ist Eingeständnis der menschlichen Unzulänglichkeit und Zugeständnis der göttlichen Weisheit und Allmacht. Gott allein weiß besser als wir, was für unser irdisches, erst recht für unser ewiges Glück hilfreich oder hinderlich ist.

Nicht selten werden wir von anderen um einen Rat angegangen. Ehe wir Antwort geben, sollten wir selbst den Rat des Heiligen Geistes suchen – und zwar in der Stille des Gebetes, der Zweisamkeit mit Gott. Erst dann sind wir befähigt, einen wirklich guten Rat zu geben.

(kurze Pause)

Sieben Gaben des Heiligen Geistes

Einstimmung zum vierten Gesätzchen

> „Der uns durch den Heiligen Geist die Gabe der Stärke für seine Nachfolge gegeben hat"

Durch die großen und atemberaubenden Erfindungen der Neuzeit glaubt so mancher Mensch, Herr und Beherrscher der Welt zu sein. Der Mensch ist fasziniert von seiner Macht. Wie hilflos sind wir aber, wenn Krankheiten uns überfallen, wenn Naturkatastrophen hereinbrechen, wenn der Tod sich anmeldet!

Es gibt ausweglose Situationen, in denen Gott allein nicht bloß die letzte Zuflucht, sondern auch letztgültige Antwort und Hilfe ist. Wir sollten aber wissen: Wer sich in die Hände Gottes fallen läßt, wird nicht immer sogleich erhört. Er muß oft lange und scheinbar vergeblich warten. Er wird bisweilen lange geprüft. Aber Gottes Hände sind gute Hände. Die Gnadengabe der Stärke verleiht ein tapferes Herz. Sie stärkt das tiefe Vertrauen, daß Gott trotz aller Rätsel und trotz aller Leiden es gut mit mir meint.

(kurze Pause)

Einstimmung zum fünften Gesätzchen

> „Der uns durch den Heiligen Geist die Gabe der
> Wissenschaft, Wahres vom Falschen
> zu unterscheiden, mitgeteilt hat"

In der Geschichte sind immer wieder politische und religiöse Heilbringer mit dem hohen Anspruch aufgetreten, die Menschen zum irdischen Paradies und zur Erkenntnis der Wahrheit zu führen. Hinter den meisten Angeboten dieser Art ist die verführerische Versuchung unverkennbar: „Ihr werdet sein wie Gott" (Genesis 3,5). Zu spät sind meist den in die Irre geleiteten Menschen die Augen aufgegangen, daß sie auf Scharlatane hereingefallen sind und bitteres Schmerzensgeld bezahlen mußten.

Die Gnadengabe, Wahres vom Falschen zu unterscheiden, führt den suchenden und urteilenden Geist des Menschen auf die rechte Fährte. Sie bewahrt vor Sackgassen und Irrwegen. Es werden gleichsam „innere Wegweiser" aufgezeigt, um an Wegkreuzungen in Richtung Wahrheit zu gehen. Was nützt alle Wissenschaft, die den Kopf heiß macht, aber das Herz kalt läßt! Was nützt es einem Menschen, „wenn er die ganze Welt gewinnt, dabei aber sein Leben einbüßt" (Matthäus 16,26)? Was bei jedem wissenschaftlichen Bemühen letztlich zählt, ist die Tatsache, ob es für Menschen hilfreich gewesen ist und den Blick auf Gott offen gehalten hat.

(kurze Pause)

Einstimmung zum sechsten Gesätzchen

> **„Der uns durch den Heiligen Geist mit der Gabe der Frömmigkeit zum rechten Beten befähigt hat"**

Der Römerbrief des Apostels Paulus gibt uns einen wichtigen Leitsatz zur Deutung und zum Verständnis der Gnadengabe der Frömmigkeit: „Der Geist nimmt sich unserer Schwachheit an. Denn wir wissen nicht, worum wir in rechter Weise beten sollen; der Geist selber tritt für uns ein mit Seufzen, das wir nicht in Worte fassen können" (Römer 8,26).

Beten ist nicht einsames Tun eines Menschen, einer Gebetsgruppe. Christliches Beten zeichnet sich dadurch aus, daß es getragen und ausgerichtet ist durch das Mitbeten des Heiligen Geistes. In der Tiefe der menschlichen Person betet Christus mit uns mit, weit mehr, als wir es uns vorstellen können. Im Geiste der Kindschaft dürfen wir „Abba, Vater" (Römer 8,15) sprechen und uns glücklich preisen, weil wir „Erben Gottes und Miterben Christi sind" (Römer 8,17).

(kurze Pause)

Einstimmung zum siebten Gesätzchen

> „Der über uns durch den Heiligen Geist die
> Gabe der Gottesfurcht und des Gottvertrauens
> ausgegossen hat"

Wenn über uns Drangsale und Nöte kommen, gerät sehr häufig unser Gottvertrauen in eine Krise. Warum bleibt Gott, so lauten unsere Fragen und Anfragen, gerade seinen Getreuen oft so verborgen? Warum haben religiös Gleichgültige in ihrem Leben Glück und Erfolg?

Ermutigt und bestärkt durch die Gabe der Gottesfurcht müssen wir lernen, daß Gott ein diskreter Gott, bisweilen ein beängstigend zurückhaltender Gott ist. Er drängt sich nicht auf. Er greift nicht ein und läßt die Menschen oft überlang warten. Manche Menschen, die Leid und Krankheit in großem Maße erdulden müssen, fragen sich, ob sie Stiefkinder Gottes und seiner Liebe sind!

Gott aber ist auch dann da und wirksam, wenn wir ihn nicht in unserem Fühlen erleben und verspüren. Die Gabe der Gottesfurcht bewahrt uns vor Mutlosigkeit und Verzweiflung ebenso wie vor einem Gott, über den wir verfügen möchten und der vielleicht das Gottesbild unserer Kindheit gewesen ist. Die Gnade der Gottesfurcht stärkt unser Gottvertrauen gerade dann, wenn wir in scheinbarer Gottverlassenheit leben. Weil Gott ein liebender Gott ist, nimmt er unsere Freiheit ernst. Er greift nicht ein, wo immer wir zum Mitdenken und zur Mitverantwortung aufgerufen sind. „Die Furcht des Herrn ist der Weisheit Anfang" (Psalm 111,10; Sprichwörter 1,7). Von Aurelius Augustinus (354–430), dem großen Kirchenlehrer und Bischof der nordafrikanischen Stadt Hippo, stammt das richtungsweisende Wort: „Fürchte Gott, so wirst du von aller andern Furcht befreit sein. Ruhe, Sicherheit und Friede werden in deine Seele einkehren."

(kurze Pause)

Lied zum Abschluß: Komm, Schöpfer Geist, kehr bei uns ein (Gotteslob Nr. 245)

1. Komm Schöpfer Geist, kehr bei uns ein,
   besuch das Herz der Kinder dein:
   die deine Macht erschaffen hat,
   erfülle nun mit deiner Gnad.
2. Der du der Tröster wirst genannt,
   vom höchsten Gott ein Gnadenpfand,
   du Lebensbrunn, Licht, Lieb und Glut,
   der Seele Salbung, höchstes Gut.
3. O Schatz, der siebenfältig ziert,
   o Finger Gottes, der uns führt,
   Geschenk, vom Vater zugesagt,
   du, der die Zungen reden macht.

4. Zünd an in uns des Lichtes Schein,
gieß Liebe in die Herzen ein,
stärk unsres Leibs Gebrechlichkeit
mit deiner Kraft zu jeder Zeit.
6. Den Vater auf dem ewgen Thron
lehr uns erkennen und den Sohn;
dich, beider Geist, sei'n wir bereit
zu preisen gläubig alle Zeit.

Text: Der lateinische Text „Veni Creator Spiritus" (Hrabanus Maurus zugeschrieben, 9. Jahrhundert) wurde von Heinrich Bone 1847 ins Deutsche übertragen
Melodie: Köln 1741

10.
Bitt-Rosenkranz um kirchliche Berufe (KIM-Rosenkranz)

Vorbemerkung

Der KIM-Rosenkranz hat seine Bezeichnung von einer 1962 durch Pater Hubert Leeb OSFS, Oblatenpriester des heiligen Franz von Sales, gegründeten Gemeinschaft junger Katholiken, die Priester werden wollten (KIM = Kreis Junger Missionare). Das 2. Vatikanische Konzil 1962/65, vor allem die sich verschärfende Situation des Priester- und Ordensmangels in Deutschland, haben das KIM-Anliegen auf eine breitere Basis und Motivation gestellt: Weckung und Förderung geistlicher und kirchlicher Berufe.

Die KIM-Gemeinschaft wird von Erwachsenen mitgetragen. Sie kennt keinen Mitgliederbeitrag, keinen Mitgliedsausweis. Sie lebt und wirkt aus freiwilligen Spenden, aus ungebrochenem Idealismus und Gottvertrauen, zutiefst aus dem Gebet und der Hoffnung auf Gottes Treue und Barmherzigkeit.

Der KIM-Rosenkranz wird gebetet als Berufungsrosenkranz und zwar in besonderer Erinnerung an einen Glaubenszeugen in schwerer Zeit – Matthias Kaiser. Dieser wurde am 28. Juni 1921 in Kronach/Oberfranken geboren. Nach seinem Abitur in Bamberg war er im 2. Weltkrieg an der Ostfront eingesetzt, wurde dreimal verwundet und schließlich zum Leutnant befördert. Weil er seine Einheit vor sinnlosem Sterben schützte, warf man ihm, dem mißliebigen – weil überzeugten – Christen, „Feigheit vor dem Feind" vor. Ein Feldgerichtsverfahren im September 1944 verurteilte ihn zum Tode. Was

Formen des Rosenkranzgebetes

seit Jahren in Matthias Kaiser lebendig war, reifte jetzt zum entscheidenden Entschluß: Er will Priester werden. Der Tod hat ihm diesen Schritt verwehrt. Als 23jähriger opferte er sein Leben in dem Anliegen, der gnädige Gott möge dem deutschen Volk Priester- und Ordensberufe schenken. Am 29. November 1944 wurde Matthias Kaiser in Anklam/Mecklenburg-Vorpommern hingerichtet.

Entscheidende geistliche Impulse hat Matthias Kaiser durch den Bamberger Jugendseelsorger Jupp Schneider (gestorben 1975) erfahren. Anläßlich der Einberufung zur Wehrmacht 1941 schenkte ihm dieser ein kleines Silberkreuz, in das die beiden griechischen Worte „Phos" (Licht) und „Zoé" (Leben) eingraviert waren, aus dem später das KIM-Kreuz entwickelt wurde.

Das originale Silberkreuz wie auch ein sogenannter Fingerrosenkranz, die Matthias Kaiser bis in seine letzten Stunden begleitet haben, sind heute wertvolle „Reliquien" und geistliches Erbe der KIM-Bewegung (KIM-Zentrale für Deutschland: Weningstraße 35, D-8070 Ingolstadt, KIM-Zentrale für Österreich: St. Georgen, A-4710 Grieskirchen.

Eine ausgezeichnete, nachdenklich machende Einführung in das Leben und in die Entscheidungen von Matthias Kaiser anhand von Dokumenten, Bildern und Originalbriefen bietet das Buch: Johannes Haas/Heinz-Peter Löckmann (Hg.). Licht und Leben. Matthias Kaiser 1921–1944 (KIM-Profile 3), Ingolstadt 1990).

Gesamtüberblick über die fünf Gesätzchen des Bittrosenkranzes um kirchliche Berufe:

> „Der uns in die Gemeinschaft des Gottesvolkes berufen hat"
> „Der jedem eine Aufgabe der Mitsorge und Mitverantwortung anvertraut hat"
> „Der in der Vielfalt der kirchlichen Dienste gegenwärtig und wirksam ist"
> „Der uns zum Gebet um Priester- und Ordensberufe aufgefordert hat"
> „Der seiner Kirche den Geist der Wahrheit, der Liebe und der Einheit verheißen und gesandt hat"

Nach der Einleitung (Apostolisches Glaubensbekenntnis, Ehre sei, Vaterunser, Ave Maria mit den Gesätzchen der göttlichen Tugenden Glaube, Hoffnung und Liebe, sowie dem abschließenden Ehre sei) folgt – nach einer kurzen Stille – die Gesamteinstimmung, gesprochen vom Vorbeter (Priester, Diakon oder Laie). Die Einstimmung zu den einzelnen Gesätzchen wird jeweils nach dem eröffnenden Vaterunser und *vor* dem ersten Ave Maria gesprochen.

Gesamteinstimmung

Der sogenannte KIM-Rosenkranz, entwachsen aus dem Kreis junger Missionare, greift ein großes Sorgenkapitel der gegenwärtigen Kirche auf – das brennende Anliegen der Priester- und Ordensberufe. Dieser Rosenkranz will ein Sturmgebet sein, denn „die Ernte ist groß, aber es gibt nur wenig Arbeiter" (Matthäus 9,37). Jesus selbst hat zu diesem Gebetsanliegen ermuntert: „Bittet den Herrn der Ernte, Arbeiter für seine Ernte auszusenden" (Matthäus 9,38).

Die Kirche in Deutschland – wie in den meisten Ländern Europas – geht einer bisher noch nicht gekannten Notsituation entgegen. Diese kündigt sich bereits dadurch an, daß viele Seelsorgestellen und Pfarreien nicht mehr besetzt werden können und daher mehrere Pfarreien zu einem Pfarrverband mit einem einzigen Priester, dem Laien als Mitarbeiter zur Seite stehen, zusammengefaßt werden.

Der Berufungsrosenkranz erbittet in erster Linie die Gnade des Glaubens für das ganze Gottesvolk, in dem Glaubensmüdigkeit und Gleichgültigkeit um sich greifen. Nur aus dem Nährboden eines lebendigen Glaubens wachsen jene Familien, in denen mit dem „Ja zum

Kind" das „Ja der Mitsorge" und der Mitverantwortung für die Kirche der Gegenwart und der Zukunft gesprochen wird.

Reich ist eine finanziell arme Kirche, wenn Christus in blühenden Gemeinden durch sein Wort, durch seine Sakramente, durch seine Priester, Ordensleute und hauptamtlichen wie vor allem ehrenamtlichen kirchlichen Mitarbeiter lebendig ist. Eine finanziell reiche Kirche ist aber arm, wenn in ihr der Glaube und die doppelte Treue zu Christus in seiner Kirche wie zu den Mitmenschen zerbrechen.

Es wäre schlimm, das Christuswort der besonderen Berufung nicht mehr ernstzunehmen oder das entscheidende Stichwort des Lebens zu überhören. Beten wir um die Gnade der Hörfähigkeit und um die Gnade des Mutes, zur Herausforderung und Nachfolge des Herrn gerade in einer bedrängten Zeit Ja zu sagen. Allein vom Ja empfängt das Leben Größe. Der dänische Religionsphilosoph Sören Kierkegaard (1813–1855) hat dazu geschrieben: „Man muß im Leben darauf achten, wann für einen das Stichwort fällt". Überwinden wir unsere Verzagtheit und unseren Zukunftpessimismus! Vertrauen wir der Zusage des wahrhaftigen Jesus Christus: „Bittet um alles, was ihr wollt: Ihr werdet es erhalten" (Johannes 15,7).

(kurze Pause)

Formen des Rosenkranzgebetes

Einstimmung zum ersten Gesätzchen

> „Der uns in die Gemeinschaft des Gottesvolkes
> berufen hat"

Jeder Getaufte ist ein durch Gottes Liebe Gerufener – ein aus den übrigen Menschen durch Gottes Liebe Heraus-Gerufener. „Nicht ihr habt mich erwählt, sondern ich habe euch erwählt und dazu bestimmt, daß ihr euch aufmacht und Frucht bringt und daß eure Frucht bleibt" (Johannes 15,16; vgl. 1 Thessalonicher 1,4).

Es ist bereits Gnade, christliche Eltern zu haben, denen daran gelegen war, ihre Kinder taufen zu lassen. Gewiß *ist* man durch die Taufe Christ. Aber ein ganzes, noch so langes Leben reicht nicht aus, um zu *werden*, was der Gott der berufenden Liebe von jedem einzelnen von uns erwartet – an Vertiefung des Glaubens, an Verstärkung der Mitarbeit in seiner Kirche, an überzeugender Glaubwürdigkeit vor Gott und den Menschen.

(kurze Pause)

Lied: Gebet des heiligen Bruders Klaus von Flüe 1417–1487 (s. S. 84)
(nach Abschluß der zehn Ave Maria und dem Ehre sei)

Einstimmung zum zweiten Gesätzchen

> „Der jedem eine Aufgabe der Mitsorge und Mitverantwortung anvertraut hat"

Christ sein heißt, von Gott angesprochen, von Gott „in Anspruch" genommen zu werden. Christus-Nachfolge ist deshalb schwierig, weil so vieles, ja alles vom Menschen gefordert wird. Christ ist man nicht für einige Stunden am Tag.

Nicht selten wird der Christ wie Jesus zum „Zeichen, dem widersprochen wird" (Lukas 2,34). Charles de Foucauld (1858–1916) hat ein Losungswort ausgegeben, das er selbst als Einsiedler in der Sahara bis in den Tod hinein vorgelebt hat:

*„Sich in allem fragen,
was Jesus an meiner Stelle
denken, sagen, tun würde –
und so handeln."*

Mit Jesus leben heißt, teilnehmen an der Aufgabe Jesu, die Welt im Geist der Liebe und der Versöhnung zu erneuern und zum würdigen Lob Gottes zu befähigen.

(kurze Pause)

Lied: Gebet des heiligen Bruders Klaus von Flüe 1417–1487 (s. S. 84)
(nach Abschluß der zehn Ave Maria und dem Ehre sei)

Einstimmung zum dritten Gesätzchen

> **„Der in der Vielfalt der kirchlichen Dienste gegenwärtig und wirksam ist"**

Die pfingstliche Herabkunft des Heiligen Geistes ist zeichenhaft und für das Selbstverständnis der Kirche wie für das Leben jeder christlichen Gemeinde bedeutsam. „Alle wurden mit dem Heiligen Geist erfüllt" (Apostelgeschichte 2,4). Mit den Aposteln und Jüngern Jesu empfingen *alle* versammelten Frauen und Männer die „Taufe mit dem Heiligen Geist" (Apostelgeschichte 1,5). Damit wurden sie in den kirchlichen Sendungsauftrag einbezogen.

Der Heiligen Geist ist und bleibt ständige Herausforderung an unsere Mittelmäßigkeit. Er ist und bleibt in allen Epochen der christlichen Glaubensgeschichte der Angriff Gottes auf unsere Selbstgenügsamkeit.

Auf die Vielfalt der Gnadengaben wie der kirchlichen Dienste hat der Apostel Paulus aufmerksam gemacht: „Es gibt verschiedene Gnadengaben, aber nur den *einen* Geist. Es gibt verschiedene Dienste, aber nur den *einen* Herrn ... alles bewirkt ein und derselbe Geist; einem jeden teilt er seine besondere Gabe zu, wie *er* will" (1 Korinther 12,4–5.11).

Der Apostel Paulus fügt aber nicht ohne Grund hinzu: „Gott ist nicht ein Gott der Unordnung, sondern ein Gott des Friedens" (1 Korinther 14, 33). Alle Dienste erweisen ihren Heilig-Geist-Auftrag, wenn sie „zum Aufbau der Gemeinde" (1 Korinther 14,12) beitragen. Vielfalt der Aufgaben und Dienste – in der Einheit des Gottesvolkes! Laßt uns beten für die Gnadengaben der kirchlichen Dienste! Laßt uns aber nicht minder inständig beten, daß die Einheit des Gottesvolkes als Einheit in der Wahrheit und Liebe Gottes wachse!

(kurze Pause)

Lied: Gebet des heiligen Bruders Klaus von Flüe 1417–1487 (s. S. 84)
(nach Abschluß der zehn Ave Maria und dem Ehre sei)

Einstimmung zum vierten Gesätzchen

> **„Der uns zum Gebet um Priester- und Ordensberufe aufgerufen hat"**

Priester- und Ordensberufe bedürfen des Gebetes, wie Jesus Christus selbst gesagt hat (Matthäus 9,38). Dem Gebet aller Christen sind gerade heute jene Menschen anvertraut, die in sich den Ruf Gottes zwar hören, aber vor einem endgültigen Ja der lebenslangen und ungebrochenen Treue Angst haben. Sie fühlen sich überfordert. Sie zögern wegen der erfahrenen Schwachheit des eigenen Glaubens, wegen noch ungeklärter Entscheidungen des eigenen Herzens, wegen der wachsenden, religiösen Gleichgültigkeit vieler Menschen – nicht selten im Kreis der eigenen Verwandten und Bekannten.

Der Gedanke eines ausschließlichen Lebens mit Christus und für Christus im Dienste der Menschen gleicht einer zarten Pflanze, die sich dem Licht entgegenstreckt und in der Wärme der Sonne sich entfalten möchte. Diese zarte Pflanze der Berufung wächst aber meist in einer rauhen Umwelt.

Wer daher auf dem Weg in die kühne Ausschließlichkeit Christi sich befindet und von nicht wenigen Einwänden und Selbstvorwürfen geplagt ist, braucht das Gebet vieler, das ihn trägt und das mit der Gnade Gottes zur endgültigen Lebensentscheidung ermutigt. Der sich noch steigernde Priester- und Ordensmangel sollte alle Christen zur Gewissenserforschung und zur beständigen Frage drängen, ob wir in diesem Anliegen den Herrn zu wenig bestürmen.

(kurze Pause)

Lied: Gebet des heiligen Bruders Klaus von Flüe 1417–1487
(s. S. 84)
(nach Abschluß der zehn Ave Maria und dem Ehre sei)

Kirchliche Berufe

Einstimmung zum fünften Gesätzchen

> „Der seiner Kirche den Geist der Wahrheit,
> der Liebe und der Einheit verheißen
> und gesandt hat"

Die Kirche Jesu Christi lebt *in* dieser Welt. Sie ist aber nicht *von* dieser Welt. Der Heilige Geist ist der „Lebendigmacher" der christlichen Gemeinschaft. Er bewahrt die Kirche vor Erstarrung in Organisation. Er schützt die Christuswahrheit vor Fehldeutungen. Er hält die Vielfalt der kirchlichen Dienste und der religiösen Gruppierungen mit dem Band der Liebe zusammen.

Die pilgernde Kirche geht ihren Weg inmitten von Gefährdungen und Anfechtungen. Sie kennt und erlebt das Wort des ersten Petrusbriefes: „Euer Widersacher, der Teufel, geht wie ein brüllender Löwe umher und sucht, wen er verschlingen kann. Leiste ihm Widerstand in der Kraft des Glaubens" (1 Petrus 5,8–9)! Wäre Gottes Geist nicht mehr gegenwärtig, würde die Wahrheit zerredet und zerdeutet; die Liebe würde beliebig verfügbar, die Einheit zur Farce und zum Schauspiel der Beliebigkeit.

Mehr denn je gilt es, um den Heiligen Geist für das *ganze* Gottesvolk, für Papst, Bischöfe, Priester, Ordensleute und Laien zu beten. Er allein ist es, der die Gemeinschaft der Glaubenden in der Wahrheit, in der Liebe und in der Einheit hält und erhält. Der Heilige Geist ist es,

Formen des Rosenkranzgebetes

der die Tore in eine gute Zukunft öffnet, um dem wiederkehrenden Herrn zu begegnen (1 Korinther 11,26).

(kurze Pause)

Lied: Gebet des heiligen Bruders Klaus von Flüe 1417–1487
(s. S. 84)
(nach Abschluß der zehn Ave Maria und dem Ehre sei)

11.
Rosenkranz zu den sieben Schmerzen Marias

Vorbemerkung

Im späten Mittelalter, einer Zeit ausgeprägter Marienverehrung, wurde am letzten Freitag vor der Karwoche – „schmerzhafter Freitag" genannt – das Fest der sieben Schmerzen Marias in den liturgischen Kalender eingefügt. Sein biblisches Fundament hat dieses Fest in der Weissagung Simeons, der anläßlich der Darstellung Jesu im Tempel von Jerusalem zu Maria, der Mutter Jesu, sagte: „Auch deine Seele wird ein Schwert durchdringen" (Lukas 2,35). Aus dem Alten Testament hat man auf Maria, die Schmerzensmutter, den Text bezogen: „Ihr alle, die ihr des Weges zieht, schaut doch und seht, ob ein Schmerz ist wie mein Schmerz, den man mir angetan" (Klagelieder 1,12).

Das christliche Volk des Mittelalters hat sich in vielen Nöten, Krankheiten und Epidemien an Maria gewandt und von ihr, der mater dolorosa, Trost und Hilfe erfahren. Das Fest der sieben Schmerzen Marias sollte das dankbare Gebet der Christen hinlenken auf Maria unter dem Kreuz – um in der folgenden Karwoche sich ausschließlich mit dem Leiden und Sterben ihres Sohnes Jesus Christus zu beschäftigen. Vor allem der Orden der Serviten – Ordo Servorum Mariae = Orden der Diener Marias –, gegründet in der Mitte des 13. Jahrhunderts in Florenz, hat das Fest der sieben Schmerzen Marias verbreitet.

Berühmt war im gesamten süddeutschen Raum die Wallfahrt zur schmerzhaften Muttergottes in der Münchner Herzogspitalkirche, die 1572 eingeweiht wurde. Der Strom nicht nur frommer, sondern auch neugieriger Pilger setzte gewaltig ein, nachdem sich am 21. Januar 1690 „die wunderbare Augenwendung des schmerzhaften Bildniß U.L. Frauen in dem Herzogspital zu München" ereignet hatte. Bereits 1697 kam es zur Gründung einer Bruderschaft zu den sieben Schmerzen Marias; als letzter Wittelsbacher war der „Märchenkönig" Ludwig II. (gestorben 1886) Präfekt dieser Münchner Bruderschaft.

In Verbindung mit der Verehrung der schmerzhaften Muttergottes ist auch die Sequenz „Stabat mater dolorosa" zu erwähnen, deren Verfasser Jacopone da Todi (vor 1306) wohl durch die franziskanische Passions- und Marienfrömmigkeit dazu inspiriert wurde. Das Lied „Christi Mutter stand mit Schmerzen" (Gotteslob Nr. 584) ist eine der beliebtesten deutschen Passionslieder gewesen und geblieben. Auch die lateinische Fassung „Stabat mater dolorosa" hat viele berühmte Komponisten wie Giovanni Pierluigi Palestrina (1525–1594), Giovanni Battista Pergolesi (1710–1736), Joseph Haydn (1732–1809), Giovanni Rossini (1792–1868), Giovanni Verdi (1813–1901) und Anton Dvořak (1841–1904) zu Vertonungen angeregt, die bis heute vor andächtig lauschenden Zuhörern aufgeführt werden.

Die „Siebenzahl" der Schmerzen Marias wurde gewählt, weil diese Zahl in der Heiligen Schrift wiederholt als Symbolzahl der Vollkommenheit, des Endgültigen und des Segens verwendet wird, und damit das Mitleiden Marias als Segen für die ganze Menschheit mit anklingt. Die Siebenzahl wird z. B. im alttestamentlichen Schöpfungsbericht verwendet, indem der siebte Tag als Tag der Vollendung, als Ruhetag Gottes und der Menschen herausgestellt wird. Mit geballter Häufigkeit ist die Siebenzahl in der johanneischen Apokalypse zu entdecken. Verwiesen sei auch auf die Siebenzahl der Sakramente.

Die biblischen Themen der sieben Gesätzchen dieses Rosenkranzes sind durch die Jahrhunderte weithin gleich geblieben. Lediglich im ersten Gesätzchen wurde bisher die Beschneidung Jesu (Lukas 2,21–24) aufgegriffen. Heute bestimmt immer häufiger die Weissagung Simeons an Maria – „Auch deine Seele wird ein Schwert durchdringen" (Lukas 2,35) – die Thematik des ersten Gesätzchens dieses Rosenkranzes.

In dieser Form vermag der Rosenkranz das Thema „Die selige jungfräuliche Gottesmutter Maria im Geheimnis Christi und der Kirche" aufzugreifen und meditativ zu vertiefen. Dieses wurde in der Dogmatischen Konstitution über die Kirche – „Lumen gentium" – des 2. Vatikanischen Konzils (vom 21. November 1964, Art. 52–69) vorgelegt und bildet die Grundorientierung der katholischen Mariologie wie auch der katholischen Marienverehrung.

Gesamtüberblick über die sieben Gesätzchen des Rosenkranzes zu den sieben Schmerzen Marias – wobei zu beachten ist, daß jeweils nicht zehn, sondern *sieben* Ave Maria mit einem Gesätzchen gebetet werden:

> „Dessen Leiden und Sterben dir, o Mutter Maria, von Simeon geweissagt wurde"
> „Den du, o Mutter Maria, mit Angst und Sorge nach Ägypten gebracht hast"
> „Den du, o Mutter Maria, in Jerusalem mit Schmerzen gesucht hast"

> „Dem du, o Mutter Maria, auf dem Kreuzweg nach Golgota begegnet bist"
> „Dessen Tod am Kreuz du, o Mutter Maria, erlebt und miterlitten hast"
> „Der als Toter in deinen Schoß, o Mutter Maria, gelegt worden ist"
> „Den du, o Mutter Maria, zur Bestattung im Felsengrab begleitet hast"

Nach der Einleitung (Apostolisches Glaubensbekenntnis, Ehre sei, Vaterunser, drei Ave Maria mit den Gesätzchen der drei göttlichen Tugenden Glaube, Hoffnung und Liebe, sowie dem abschließenden Ehre sei) folgt – nach einer kurzen Stille – die Gesamteinstimmung, gesprochen vom Vorbeter (Priester, Diakon, Laie). Die Einstimmung zu den einzelnen Gesätzchen wird jeweils nach dem eröffnenden Vaterunser und vor dem ersten Ave Maria gesprochen.

Gesamteinstimmung

Die Marienverehrung dieses Rosenkranzes schreitet einen weiten Horizont ab. Sie sieht die Mutter Jesu im Geheimnis Christi und der Kirche. Ihr mütterliches Mitwirken-Dürfen im Heils- und Erlösungswerk ihres Sohnes bekennen wir in dankbarer Freude. Vor uns öffnet sich der Weg des Glaubens und des Leidens, den Maria gegangen ist und den ihr Gott zugemutet hat.

Wie an Maria, so hat auch an uns „der Mächtige Großes getan" (Lukas 1,49) – und zwar durch die mütterliche Vermittlung Marias. Der Rosenkranz zu den sieben Schmerzen Marias will nicht nur den Blick hinwenden zu schmerzlichen Stationen und leidvollen Erfahrungen im Leben Marias. Er will auch die Bedeutung, die Leben und Leiden Marias für jeden Erlösten haben, in die gläubige Betrachtung einbeziehen. Der Gekreuzigte selbst hat mit Johannes allen Menschen die exemplarische Bedeutung Marias aufgezeigt: „Siehe, deine Mutter!" (Johannes 19,27)

Maria hat eine einzigartige und einmalige Stellung im Erlösungswerk ihres Sohnes. Sie steht nicht nur als Trauernde unter dem Kreuz. Ihr Mutterleid ist, verbunden mit dem Leiden und Sterben ihres Sohnes, zur Gnade der Miterlösung für uns alle geworden. Sie ist nicht allein Mutter des Glaubens (Lukas 1,45), sondern auch sorgende, tröstende, gnadenvermittelnde Mutter aller Glaubenden. Maria darf, wie geheimnisvoll im Kolosserbrief zu lesen ist, „ergänzen, was den Leiden Christi noch fehlt" (Kolosser 1,24).

(kurze Pause)

Formen des Rosenkranzgebetes

Einstimmung zum ersten Gesätzchen

> „Dessen Leiden und Sterben dir, o Mutter Maria,
> von Simeon geweissagt wurde"

In jener Stunde, als der greise Simeon im Tempel von Jerusalem von Jesus als einem „Zeichen, dem widersprochen wird" (Lukas 2,34) sprach, hat Maria diese Worte wohl gehört. Aber in ihrer tieferen Bedeutung für ihren Sohn wie auch für sie selbst, hat sie sie damals noch nicht erfaßt. Langsam und überaus behutsam ist sie eingeführt worden in das gottmenschliche Geheimnis ihres Sohnes. Ebenso langsam und behutsam erschlossen sich Sinn und Sendung ihres eigenen Lebens.

Der Glaube Marias war ein ständiges Unterwegssein, ein Sich-Öffnen für das Wagnis, für die Überraschungen eines ausschließlichen Lebens mit Gott und für Gott. Maria, der Mutter Jesu, wurden von Gott immer neue, immer kühnere Herausforderungen zugemutet. Auch das Erdulden des „Schwertes" (Lukas 2,35) ist dem Glauben Marias nicht erspart geblieben.

(kurze Pause)

Einstimmung zum zweiten Gesätzchen

> „Den du, o Mutter Maria, mit Angst und Sorge
> nach Ägypten gebracht hast"

In der Kindheitsgeschichte Jesu wird bereits der vorherbestimmte Kreuzestod transparent: Herodes war es nicht gelungen, „das Kind zu suchen und zu ermorden" (Matthäus 2,13). Etwa 30 Jahre später gelingt es, Jesus zu verhaften, ihm den Prozeß zu machen und ihn ans Kreuz zu schlagen.

Wir dürfen durchaus annehmen, daß sich Maria – und auch Josef – immer häufiger die Frage gestellt haben: Warum greift der Vater-Gott nicht ein, wenn das Leben seines menschgewordenen Sohnes bedroht ist? Man kann nachempfinden, daß die Mutter Maria Angst um Leib und Leben ihres Kindes hatte. Auf ihre Fragen hat Gott nicht geantwortet. Der Evangelist Matthäus aber sieht in nachpfingstlicher Ausdeutung durch die Flucht nach Ägypten die Erfüllung einer alttestamentlichen Weissagung gegeben: „So sollte in Erfüllung gehen, was der Herr durch den Propheten (Hosea) gesprochen hatte: Aus Ägypten berief ich meinen Sohn" (Hosea 11,1 = Matthäus 2,15).

(kurze Pause)

Einstimmung zum dritten Gesätzchen

> „Den du, o Mutter Maria, in Jerusalem
> mit Schmerzen gesucht hast"

Im Gespräch des zwölfjährigen Jesus mit Maria und Josef wurde eine Grenze zwischen dem Gehorsam gegenüber den Eltern (Lukas 2,41) und dem Gehorsam gegenüber dem himmlischen Vater markiert. „Warum habt ihr mich gesucht? Wußtet ihr nicht, daß ich im Hause meines Vaters sein muß" (Lukas 2,49)?

Wie kühn, vielleicht erstmalig und überraschend, diese Grenzziehung durch Jesus war, ist der Reaktion Marias und Josefs zu entnehmen: „Sie verstanden nicht, was er ihnen damit sagen wollte" (Lukas 2,49). Auch Maria wird die Finsternis des Glaubens und das Nichtverstehen zugemutet. Auf Herausforderungen gibt Gott oft erst viel später eine klärende Antwort.

Im Dunkel geht Maria ihren Weg. Sie verläßt sich auf die Treue Gottes, der sie sich ausgeliefert hat: „Siehe, ich bin die Magd des Herrn. Mir geschehe nach deinem Wort" (Lukas 1,38).

(kurze Pause)

Sieben Schmerzen Marias

Einstimmung zum vierten Gesätzchen

> „Dem du, o Mutter Maria, auf dem Kreuzweg
> nach Golgota begegnet bist"

Unter den Frauen (Lukas 23,27–31), die den letzten Weg Jesu nach Golgata begleiten, dürfen wir auch Maria, die Mutter Jesu, entdecken. Die Mutter will auf der letzten Lebensetappe ihrem Sohn nahe sein, der als jüdischer Ketzer und antirömischer Revolutionär zum Tode verurteilt worden ist.

Maria weiß, daß sie hilflos ist. Aber vielleicht ist allein schon die Begegnung ihrer Augen mit denen ihres kreuztragenden Sohnes Tröstung und Hilfe für beide. „Ihr alle, die ihr des Weges zieht, schaut doch und seht, ob ein Schmerz ist wie mein Schmerz, den man mir angetan" (Klagelieder 1,12).

Eine hilflose Mutter steht am Wege des Sohnes, der – wie sie fest überzeugt ist – unschuldig zum Tode verurteilt wurde. Die Mutter weiß um dessen Unschuld. Es drängte sich – wie schon so oft in ihrem Leben – die Frage auf: Warum läßt dies alles der Vater-Gott zu? Sie muß sich fügen in diese Stunde, in der die Finsternis über das Licht siegt.

(kurze Pause)

Einstimmung zum fünften Gesätzchen

> **„Dessen Tod am Kreuz du, Mutter Maria,
> erlebt und miterlitten hast"**

Die Johannespassion (Johannes 19,25–27) berichtet, daß unter dem Schandpfahl des gekreuzigten Jesus „seine Mutter" (Johannes 19,25) und auch „der Jünger (Johannes), den Jesus liebte" (Johannes 19,26) standen. Maria hatte den Mut, sich als Mutter zu ihrem verurteilten und gekreuzigten Sohn zu bekennen. Von den zwölf Aposteln wagte es nur der Jüngste unter ihnen, nämlich Johannes, seine Treue zu Jesus, dem Mann aus Nazaret, öffentlich unter Beweis zu stellen.

Auch Maria hört den Ruf der Gottverlassenheit ihres gekreuzigten Sohnes: „Mein Gott, mein Gott, warum hast du mich verlassen?" (Psalm 22,2 = Markus 15,34 = Matthäus 27,46). Wie soll sie diesen Todesschrei ihres Sohnes verstehen? Was geht in ihm vor? Bricht gerade jetzt jene tiefe Verbundenheit und innige Gemeinschaft des Sohnes mit dem ewigen Vater zusammen? Erlebt und erleidet Maria mit ihrem Sohn in der bittersten und letzten Stunde, daß der Vater-Gott ihn verlassen hat und ihn ohne Tröstung zwischen Himmel und Erde sterben läßt?

Der Ruf der Gottverlassenheit wurde für Maria, die Mutter des Gekreuzigten, zu einer schmerzlichen

Anfrage an Gott, der scheinbar abwesend und teilnahmslos dieses blutige Schauspiel ablaufen läßt: Warum greift er nicht ein und läßt zu, daß die Mächte der Finsternis eine Stunde des Triumphes erringen? Die Finsternis, die von der sechsten bis zur neunten Stunde das ganze Land bedeckte (Markus 15,33), kann zeichenhaft als Dunkelheit, Belastung und Qual des Glaubens vieler gedeutet werden, die die Kreuzigungsszene auf Golgota miterlebten und die nur mit beklommenem Herzen an die Verheißungen Jesu glaubten, die „am dritten Tag" sich ereignen werden.

(kurze Pause)

Einstimmung zum sechsten Gesätzchen

> „Der als Toter in deinen Schoß, o Mutter Maria,
> gelegt worden ist"

Die Kreuzabnahme Jesu, die in den vier Evangelien festgehalten ist, hat sehr früh schon eine Ergänzung erfahren: Der vom Kreuz abgenommene Sohn wird in den Schoß seiner Mutter Maria gelegt.

In der Mitte des 14. Jahrhunderts, einer krisengeschüttelten Zeit großer Epidemien und Krankheiten in Europa, haben viele Christen bei Maria mit dem toten

Formen des Rosenkranzgebetes

Sohn in ihrem Schoß Verständnis und Hilfe gesucht. Vom Vesperbild, auch Marienklage oder Pietà genannt, werden immer wieder Mütter und Väter angezogen, die Kinder durch schweres Schicksal und Unglücksfälle verloren haben oder zu verlieren fürchten.

Bei der Schmerzensmutter Maria fühlen sie sich in ihrem Leid verstanden. Genau wie Maria und gemeinsam mit ihr versuchen sie, den Kreuzweg ihres Lebens zu gehen. In großer Verhaltenheit und Bedrängnis betend und Gottes Fügung nur schwer verstehend lautet ihr Bekenntnis:

Herr, dein Wille geschehe,
wenn ich's auch nicht verstehe!
Herr, dein Wille geschehe
und tut's auch noch so wehe.

(kurze Pause)

Einstimmung zum siebten Gesätzchen

> **„Den du, o Mutter Maria, zur Bestattung im Felsengrab begleitet hast"**

Josef von Arimatäa, „ein vornehmer Ratsherr, der auch auf das Reich Gottes wartete" (Markus 15,43) und „ein Jünger Jesu war" (Johannes 19,58), „faßte sich ein Herz, ging zu Pilatus und bat um den Leichnam Jesu" (Markus 15,43). Er bestattete den toten Jesus in einem Felsengrab, „in dem noch niemand beigesetzt worden war" (Lukas 23,53).

Unter den Frauen (Lukas 23,55), die der Beisetzung Jesu beiwohnten, war auch Maria. Die Mutter Jesu muß ihrem Sohn ins Grab schauen. Welche Gedanken haben damals ihr Herz bewegt? Ist das Wirken ihres Sohnes mit seinem Tod endgültig und für immer zu Ende? In dieser Schmerzensstunde am Grab weiß Maria sich getragen und getröstet von nicht wenigen Worten, Andeutungen und Hinweisen ihres Sohnes.

Der Tod ist nicht das Letzte. Es gibt, wie die Mutter ihrem Sohn vertraut, eine Auferstehung. Es gibt ein Wiedersehen „am dritten Tag".

(kurze Pause)

Lied zum Abschluß: Christi Mutter stand mit Schmerzen (Gotteslob Nr. 584)

1. Christi Mutter stand mit Schmerzen
   bei dem Kreuz und weint' von Herzen,
   als ihr lieber Sohn da hing.
   Durch die Seele voller Trauer,
   schneidend unter Todesschauer
   jetzt das Schwert des Leidens hing.
2. Welch ein Schmerz der Auserkornen,
   da sie sah den Eingebornen,

wie er mit dem Tode rang.
Angst und Jammer, Qual und Bangen,
alles Leid hielt sie umfangen,
das nur je ein Herz durchdrang.
3. Ach, für seiner Brüder Schulden
sah sie ihn die Marter dulden,
Geißeln, Spott und Hohn,
sah ihn trostlos und verlassen
an dem blutgen Kreuz erblassen,
ihren lieben einzgen Sohn.
4. Drücke deines Sohnes Wunden,
wie du selber sie empfunden,
heilge Mutter, in mein Herz.
Daß ich weiß, was ich verschuldet,
was dein Sohn für mich erduldet,
gib mir teil an deinem Schmerz.
5. Christus, laß bei meinem Sterben
mich mit deiner Mutter erben
Sieg und Preis nach letztem Streit.
Wenn der Leib dann sinkt zur Erde,
gib mir, daß ich teilhaft werde
deiner selgen Herrlichkeit.

Text: Jacopone da Todi vor 1306; den lateinischen Text „Stabat mater dolorosa" übertrug Heinrich Bone 1847 ins Deutsche
Melodie: Köln 1638

12.
Rosenkranz für die verfolgte Kirche

Vorbemerkung

Während ein Teil der Christen im Rahmen der Grundfreiheiten und Menschenrechte ihrer Verfassungen ihren Glauben leben und bekennen kann, ist anderen Christen die Freiheit des Glaubens und des öffentlichen Bekenntnisses erschwert, verboten und mit härtesten Strafen belegt. Ihnen drohen Verfolgungen, Gefängnis, Tod. In schmerzlicher Weise erfüllt sich an ihnen das Wort Jesu: „Haben sie mich verfolgt, so werden sie auch euch verfolgen" (Johannes 15,20).

In der Geheimen Offenbarung des Johannes werden die Ereignisse der Letzten Tage keineswegs optimisch dargestellt. Dort ist „vom Blut der Heiligen und der Blutzeugen Jesu" (Offenbarung 17,6) die Rede. Über die Geschichte der Menschheit fällt seit dem Erlösungswerk Jesu Christi der mächtige Schatten des Kreuzes, gewiß Zeichen des Trostes, der Versöhnung und des Friedens. Das Kreuz – was nicht verschwiegen werden darf – ist aber immer auch Symbol für die Macht des Bösen und Symbol für die Ohnmacht des Guten.

Nach Zeiten der Ruhe und des Friedens muß die Christenheit immer wieder lernen, daß sie noch vor dem Kreuz, noch unter dem Kreuz steht und daß sie das Kreuz noch nicht hinter sich gebracht hat. Die Kreuzeserfahrung, die Todesnot und Gottesfinsternis des Einen muß millionenfach nachgelitten, nachgestorben werden. Niemand kann sich hier auf Erden bereits in die Seligkeit und Unangefochtenheit des

Ostermorgens „hineinmogeln". Der Blick zum Kreuz Jesu „läßt nicht zu, daß wir über seiner Leidensgeschichte die anonyme Leidensgeschichte der Welt vergessen; sie läßt nicht zu, daß wir über seinem Kreuz die vielen Kreuze in der Welt übersehen" (Beschluß „Unsere Hoffnung. Ein Bekenntnis zum Glauben in dieser Zeit" der Würzburger Synode vom 22. November 1975).

Der Rosenkranz für die verfolgte Kirche will nicht bloß an die Drangsal der Verfolgten in solidarischer Verbundenheit „erinnern". Die große Gemeinschaft der Glaubenden ist Gemeinschaft der Mitfreude wie der Mittrauer, der Mitsorge und der Mitverantwortung. Gewiß gibt es die Möglichkeiten der Einflußnahme auf diplomatischem Weg wie Bittschriften – oder auch Sammlungen und Leserbriefe, um Unrecht und Verfolgung ins breite Bewußtsein zu heben. Der Rosenkranz für die verfolgte Kirche versteht sich als Sturmgebet, damit Gott den Getreuesten seiner Getreuen die dringende Gnade seiner Nähe und Tröstung gebe – um in der Einsamkeit durchzuhalten, um nicht im Glauben an seine Liebe und Barmherzigkeit erschüttert zu werden.

Lassen wir uns von Reinhold Schneider (1903–1958) erinnern: „... die Reichweite des Gebetes läßt sich mit den Mitteln der Wissenschaft nicht erhellen. Nur das eine ist gewiß, daß die Welt haltlos in die Nacht stürzen müßte, wenn sie nicht durch diese Kraft mit der Gnade verbunden wäre."

Der Rosenkranz für die verfolgte Kirche muß einer allzu geruhsam lebenden, gut versorgten und abgesicherten Christengemeinde in Erinnerung rufen, daß der Weg der konsequenten Nachfolge Christi ein Kreuzweg ist und bleibt. Eine Kirche ohne Verfolgung kann der Frage nicht ausweichen, ob sie sich nicht den Wünschen und Erwartungen der Welt so geschickt angepaßt hat, daß sie nicht mehr „aneckt" und nicht

Formen des Rosenkranzgebetes 184

mehr als Zeichen des Widerspruchs (Lukas 2,34) erfahren wird. Dann aber hätte sie mit dem Auftrag, „das anvertraute kostbare Gut durch die Kraft des Heiligen Geistes zu bewahren" (2 Timotheus 1,14) und Gottes Wort zu verkünden, „sei es gelegen oder ungelegen" (2 Timotheus 4,2), auch den Herrn verraten.

Gesamtüberblick über die fünf Gesätzchen des Rosenkranzes für die verfolgte Kirche:

> „Der in seinem Leben und Wirken Zeichen des Widerspruchs gewesen ist"
> „Der seine Getreuen vor falschen Propheten und Heilbringern gewarnt hat"
> „Der die um der Gerechtigkeit willen Verfolgten selig gepriesen hat"
> „Der den wegen seines Namens Beschimpften und Leidenden seine Nähe und Tröstung verheißen hat"
> „Der die Leiden seiner Erlösten in sein Heilswerk für die Menschheit hineingenommen hat"

Nach der Einleitung (Apostolisches Glaubensbekenntnis, Ehre sei, Vaterunser, drei Ave Maria mit den drei Gesätzchen der göttlichen Tugenden Glaube, Hoffnung und Liebe, sowie dem abschließenden Ehre sei) folgt – nach einer kurzen Stille – die Gesamteinstimmung, gesprochen von Vorbeter (Priester, Diakon, Laie). Die Einstimmung mit den einzelnen Gesätzchen wird jeweils nach dem eröffnenden Vaterunser und vor dem ersten Ave Maria gesprochen.

Gesamteinstimmung

Die Gemeinschaft der Glaubenden darf zu keiner Zeit den Leidens- und Kreuzweg derer vergessen, die um Christi und seiner Kirche willen verfolgt werden. Sie ist eine Solidargemeinschaft, die nicht nur von den Leiden der verfolgten Kirche weiß, sondern diese auf verschiedenen Ebenen äußerer Hilfen, vor allem der Gebetshilfen, mitzutragen bereit ist. In allen Jahrhunderten ist der Weg der Nachfolger Christi getränkt mit Blut und Tränen.

Wir sollten aber über den Massenverfolgungen, die durch staatliche Mächte oder Ideologien ausgelöst werden, auch kleinere Nöte wie etwa jene Leiden und Nadelstiche der täglichen Verspottung am Arbeitsplatz nicht übersehen. Trotz Religions-, Glaubens- und Bekenntnisfreiheit sind Christen Verhöhnungen ausgesetzt – weil sie zur Kirche gehen und die Sakramente empfangen, weil sie gegen radikale und ungerechtfertigte Kirchenkritik sich zur Wehr setzen u.v.m. Es gibt Christenverfolgungen, die von Schreibtischen ausgehen. Es gibt Christenverfolgungen, die den Aufstieg und die Beförderung hindern oder doch verzögern. Jesus hat seine Getreuen aufmerksam gemacht auf „die Kinder der Welt", die den Kindern des Lichtes und der Glaubenstreue bald große, bald kleine Schwierigkeiten machen.

Der Apostel Paulus ruft uns zu: „Alle, die in Christus Jesus fromm leben wollen, werden Verfolgungen erleiden" (2 Timotheus 3,11). Es liegt an jedem von uns, ob wir unter Verfolgungen und Mißachtung zerbrechen oder ob wir nach dem Geheimnis des göttlichen Heilsratschlusses „ergänzen dürfen, was an den Leiden Christi noch fehlt" (Kolosser 1,24). Denken wir während dieses Rosenkranzes für die verfolgte Kirche an jenen Christen, der zur gleichen Zeit unter Einsamkeit und Gottesfinsternis leidet oder an jenen Christen, der zur gleichen Stunde zu Tode gemartert wird. Herr, erbarme dich ihrer!

(kurze Pause)

Einstimmung zum ersten Gesätzchen

„Der in seinem Leben und Wirken Zeichen des Widerspruchs gewesen ist"

Jesus Christus, der menschgewordene Sohn Gottes, hat um der Wahrheit und um der Liebe willen nicht mit falschen Versprechungen oder faulen Kompromissen die Menschen an sich gezogen. Christus ist die Krisis, die Scheidung und Unterscheidung der Geister. „Wer nicht mit mir ist, der ist gegen mich. Wer nicht mit mir sammelt, der zerstreut" (Matthäus 12,30). An Jesus, an seinem Werk und an seiner Botschaft scheiden sich zu allen Zeiten die Geister. Er ist „Zeichen, dem widersprochen wird" (Lukas 2,34).

Für eine Zeit, in der mit rapider Geschwindigkeit Vorbilder und Tugenden, Wahrheiten und Werte verblassen und ausgetauscht werden, scheint das Wort des dänischen Religionsphilosophen Sören Kierkegaard (1813–1855) charakteristisch: „Käme Christus jetzt zur Welt, er würde vielleicht nicht gekreuzigt, sondern ausgelacht." In die Nachfolge Christi treten, heißt heute, als Mensch von vorgestern zu gelten und den neuen Freiheiten und Lebensqualitäten sich zu verschließen. Wie Christus wird auch er zum Zeichen, dem widersprochen wird.

(kurze Pause)

Einstimmung zum zweiten Gesätzchen

> „Der seine Getreuen vor falschen Propheten
> und Heilbringern gewarnt hat"

Zu allen Zeiten gibt es Suchende und Verzweifelnde, die in Schicksalsschlägen oder bei Todesfällen Trost, Rat und Orientierung suchen. Sie wollen sich in ihrer Not zurechtfinden und ihrem Leben Sinn und Ziel geben. Auf welche Ratgeber können wir uns dann wirklich verlassen? Wer meint es mir für Zeit und Ewigkeit wirklich gut?

Christus und seine Botschaft sehen sich heute mit Lebens- und Sterbehilfe einer verwirrend großen und kaum überschaubaren Konkurrenz ausgesetzt. Im Neuen Testament werden wir als denkende und urteilende Christen auf eine kritische und sorgfältige Prüfung dieser oft verlockenden Angebote eindringlich hingewiesen: „Traut nicht jedem Geiste! Prüft vielmehr die Geister, ob sie aus Gott sind. Denn viele falsche Propheten sind in die Welt ausgezogen" (1 Johannes 4,1). Jesus Christus fügt im Klartext hinzu: „Fürchtet euch vor dem, der Seele und Leib ins Verderben der Hölle stürzen kann" (Matthäus 10,28). Es ist die volle und ganze Wahrheit: Jesus Christus ist der Einzige, der uns in Zeit und Ewigkeit nicht enttäuscht, auch wenn er unsere Bitten und Fragen nicht immer sofort und nicht immer in unserem Sinne beantwortet.

(kurze Pause)

Einstimmung zum dritten Gesätzchen

> „Der die um der Gerechtigkeit willen Verfolgten
> selig gepriesen hat"

Eine Seligpreisung der Bergpredigt Jesu lautet: „Selig, die um der Gerechtigkeit willen verfolgt werden; denn ihnen gehört das Himmelreich. Selig seid ihr, wenn ihr um meinetwillen beschimpft und verfolgt und auf alle mögliche Weise verleumdet werdet" (Matthäus 5,10–11). Gewiß will kein Mensch sich ständig dem Messer der Kritik und den Verdächtigungen seiner Mitmenschen aussetzen. Gleichzeitig sollte man sich aber nichts vormachen: Leben und Wirken des Christen stehen unter dem Zeichen der Gerechtigkeit. Was aber heißt Gerechtigkeit?

Gerecht sein heißt: vor seinem Gewissen, vor seinen Mitmenschen, letztlich im Urteil Gottes recht und richtig gehandelt zu haben. Habe ich getan, geurteilt und gehandelt, wie es Gott von mir erwartet?

Nicht alle Wege irdischer Erfolge sind Wege der Gerechtigkeit. Das Motto „Nicht Menschenlob, nicht Menschenfurcht" (Nec laudibus – nec timore), das Kardinal Graf von Galen (1878–1946) in sein Bischofswappen aufnahm, steht unsichtbar über dem Weg jedes aufrechten Christen.

Es mag wohltun, wenn Menschen uns anerkennen

und unsere Lebensleistung respektiert wird. Entscheidend ist aber letztlich, ob wir im Urteil Gottes als „guter und getreuer Knecht" (Matthäus 25,21) bestehen können. „Freut euch und jubelt: Euer Lohn im Himmel wird groß sein" (Matthäus 5,12).

(kurze Pause)

Einstimmung zum vierten Gesätzchen

> **„Der den wegen seines Namens Beschimpften und Leidenden seine Nähe und Tröstung verheißen hat"**

Der Name wird gleichgesetzt mit Person. Im Namen eines Menschen lebt die Erinnerung an sein Werk, an seine gute oder ungute Lebensgeschichte weiter. Der Name „Jesus Christus" ist Inbegriff und Höhepunkt der erlösenden, vergebenden, heil- und heilungbringenden Liebe Gottes. Er ist der eine und einzige „Mittler zwischen Gott und den Menschen" (1 Timotheus 2,5), „der Mittler eines neuen Bundes" (Hebräer 9,15) und die endgültige Versöhnung mit Gott (1 Korinther 6,11).

Um „seines (Christi) Namens willen Schmach erleiden" (Apostelgeschichte 5,41) ist ebenso Zeichen der Treue zu Christus wie auch Auszeichnung durch Christus: „Wenn ihr wegen des Namens Christi beschimpft werdet, seid ihr seligzupreisen" (1 Petrus 4,14). Gewiß kann es tiefe Einsamkeiten und Anfechtungen geben, die über verfolgte Christen hereinbrechen. Aber wir dürfen sicher sein, daß gerade in der Grenzzone zwischen Hoffnung und Verunsicherung Jesus sein Wort erfüllt: „Ich bin bei euch alle Tage bis zum Ende der Welt" (Matthäus 28,20). „Jeder, der an mich glaubt, bleibt nicht in der Finsternis" (Johannes 12,46).

(kurze Pause)

Einstimmung zum fünften Gesätzchen

„Der die Leiden seiner Erlösten in sein Heilswerk für die Menschheit hineingenommen hat"

Eines der größten, leider kaum bedachten Geheimnisse des Erlösungswerkes Jesu Christi hat der Apostel Paulus in einer kleinen Notiz des Kolosserbriefes angedeutet: „Jetzt freue ich mich in den Leiden, die ich für euch ertrage. Für den Leib Christi, die Kirche, ergänze (!) ich in meinem irdischen Leben das, was an den Leiden Christi noch fehlt(!)" (Kolosser 1,24).

Jesus Christus hätte als allmächtiger Sohn Gottes die Erlösung der Welt ganz alleine und ohne jegliche Mithilfe vollbringen können. Nach den Worten des Apostels Paulus ist jedoch ein Teil, der „an den Leiden Christi noch fehlt", frei gehalten worden. Diesen durch Gottes Fügung frei gebliebenen Teil dürfen Erlöste durch ihre Leiden „ergänzen". Die Opferhingabe des Erlösers Jesus Christus wird zusammen mit dem Mitwirken und Mitsühnen der Erlösten als versöhnendes Opfer vom Vater-Gott angenommen.

Mit und in Jesus Christus darf jeder Christ gerade durch seine Leiden Mittler hin zu Christus, Fürsprecher bei Christus sein. Er darf „in und mit und durch Christus" mitsühnen und miterlösen. Tränen und Blut der ungezählten Märtyrer versickern nicht wirkungslos im Erdboden. Sie fließen hinein in den „Kelch des Herrn" (1 Korinther 10,20). „Das Blut der Märtyrer wird zum Samen der Christen" (Sanguis martyrum – semen Christianorum), wie Tertullian (160–220) uns hinterlassen hat.

(kurze Pause)

13.
Bitt-Rosenkranz für die Einheit der Christen

Vorbemerkung

Das Kreuz Jesu Christi, unter dem die christlichen Konfessionen stehen, glauben und beten, ist Sinnbild und Quelle der Erlösung. Es ist auch Frage und Aufforderung zu einer bleibenden Gewissenserforschung, der sich kein Christ entziehen kann.

Selbst dem Gebet des menschgewordenen Gottessohnes Jesus Christus ist es nicht gelungen, die Einheit seiner aus so unterschiedlichen Völkern und Denkformen kommenden Getreuen zu erhalten. „Für jene bitte ich, die ... an mich glauben. Laß sie eins sein! Wie du, Vater, in mir bist und ich in dir bin, so laß sie eins sein, damit die Welt es glaube, daß du mich gesandt hast" (Johannes 17,20–21).

Die christliche Glaubensgeschichte ist auf weite Strecken eine Geschichte der Spaltungen, der Uneinigkeit, der Religionskriege, leider auch des Mißtrauens und der Lieblosigkeit. Nach den Worten Jesu sollte die Einheit der Christen ein glaubwürdiges und überzeugendes Argument sein, „damit die Welt es glaube, daß du (Vater) mich gesandt hast" (Johannes 17,21).

Die Uneinigkeit der Christen und ihre Aufspaltung in Konfessionen ist zur Barriere der Erkenntnis und Anerkenntnis Jesu Christi geworden. Hans Urs von Balthasar hat daher mit großem Ernst gesagt: „Die Trennung der Kirchen ist der größte öffentliche Skandal der Christenheit, sie ist durch

nichts zu entschuldigen." Die gespaltene Christenheit ist für viele ein Zeichen ihrer eigenen Unglaubwürdigkeit. Der Apostel Paulus weist aber auch auf die wichtige und unerläßliche „Unterscheidung der Geister" (1 Korinther 12,10) hin, die bei Spaltungen offenkundig wird. „Es muß auch Spaltungen unter euch geben, damit offenbar wird, wer sich unter euch bewährt" (1 Korinther 11,19).

Nicht wenige Christen, die um die Wahrheit heftig gestritten haben, taten dies mit großer, „blutiger" Leidenschaft, sehr häufig mit dem Einsatz ihres Lebens. Gleichgültigkeit, diplomatisches Taktieren oder Karrieredenken kann man ihnen wahrlich nicht nachsagen. Aurelius Augustinus (354–430), der als Bischof der nordafrikanischen Stadt Hippo sich mit vielen Irrlehrern herumgeschlagen hat, gesteht sehr bewußt und mit Respekt zu: „Glaubt doch nicht, daß Ketzereien durch ein paar hergelaufene, kleine Seelen entstehen konnten. Nur große Menschen haben Ketzereien hervorgebracht."

Im Gegensatz zu den religiösen Querdenkern und Ketzern der Vergangenheit prägt viele Menschen unserer Epoche eine falsch verstandene Toleranz, die zu allem und jedem Ja und Amen sagt und die nicht den Mut hat, eine eigene, auch andere Meinung zu haben und auszusprechen. Neben der gespaltenen Christenheit wächst „die Konfession der Kirchenfernen, der Gleichgültigen, der religiös Desinteressierten".

Der Weg zur Wiedervereinigung der Christen im Glauben und in einer Kirchengemeinschaft ist nach so vielen Jahrhunderten der Spaltungen mühevoll. Es ist der Weg der großen Geduld, des gegenseitigen Ernstnehmens, der genauen Kenntnis der Geschichte, des Ringens um die größere Wahrheit und um die umfassendere Liebe. Um die Wiedervereinigung müssen wir Christen uns auf vielen Ebenen immer intensiver und in Zukunft immer umfassender bemühen. Die Einheit des

Glaubens läßt sich nicht durch Kompromisse und unter Ausklammerung der Wahrheit, der Heiligen Schrift wie der Glaubenstradition erreichen. Eines muß allen Parteien der getrennten Christenheit bewußt sein: Die Wiedervereinigung ist letztlich ein Zeichen der Versöhnung, denn Schuld, wo immer sie vorliegt, kann Gott allein vergeben. Gewiß sind guter Wille und die Bereitschaft zur Einheit auf der Seite der Christen wichtig. Wir können aber nur unsere bittenden Hände und unsere geläuterten Herzen öffnen, um Einheit als unverdientes Geschenk der Gnade zu empfangen – wann immer Gott es will.

Gesamtüberblick über die fünf Gesätzchen des Bitt-Rosenkranzes für die Einheit der Christen:

> „Der für die Einheit seiner Getreuen gebetet hat"
> „Der uns den Heiligen Geist als Weggeleiter in alle Wahrheit gesandt hat"
> „Der uns die Sorge für die Wahrheit und Einheit des Glaubens anvertraut hat"
> „Der durch den Heiligen Geist die verschiedenen Gnadengaben in der Einheit des Glaubens zusammenhält"
> „Der in uns die Sehnsucht nach der Einheit des Glaubens vertieft"

Nach der Einleitung (Apostolisches Glaubensbekenntnis, Ehre sei, Vaterunser, drei Ave Maria mit den

Gesätzchen der drei göttlichen Tugenden Glaube, Hoffnung und Liebe, sowie dem abschließenden Ehre sei) folgt – nach einer kurzen Stille – die Gesamteinstimmung, gesprochen vom Vorbeter (Priester, Diakon, Laie). Die Einstimmung zu den einzelnen Gesätzchen wird jeweils nach dem eröffnenden Vaterunser und vor dem ersten Ave Maria gesprochen.

Gesamteinstimmung

Viele Christen haben sich damit abgefunden, daß es im Kreis der Verwandten und Bekannten wie auch der Berufskollegen Christen gibt, die unterschiedlichen Konfessionen angehören. Das Bemühen um eine gute und tolerante, menschliche Atmosphäre des Miteinander-Lebens und des Zusammenarbeitens auf vielen Ebenen – auch im Bemühen um die Einheit – darf nicht das Anliegen der Wahrheitsfindung verdecken, das unterschwellig die Unglaubwürdigkeit der Christen, die Kritik an den Kirchen und die spürbare Verdunstung des Glaubens ausgelöst hat.

Die Wahrheitsfrage – so scheint es – ist langsam zwischen den Konfessionen verstummt. Das Nein zur Kirche im 16. Jahrhundert, dem Zeitalter der Reformation, fand seine Fortsetzung im Nein zu Christus im 17. und 18. Jahrhundert, dem Zeitalter der Aufklärung, in dem „Religion innerhalb der Grenzen der bloßen Vernunft" (Immanuel Kant) proklamiert wurde. Vom

19. Jahrhundert an breitet sich ein meist unausgesprochenes, aber gelebtes Nein zu Gott aus: Christlicher Glaube oder gar christliche Konfession sind nicht gefragt!

Beten um die Einheit der Christen ist gerade in unserer deutschen Heimat, dem Land der Reformation, ein Anliegen, das für die Zukunft des christlichen Glaubens wichtig ist und dem man sich stellen muß. Der christliche Glaube ist alles andere als eine „Privataktion". Glauben und Beten heißt mit anderen und für andere glauben und beten, heißt Sorge tragen, damit getrenntes und gespaltenes Glauben und Beten zur Einheit und zum Bekenntnis des versöhnten Glaubenslebens geführt wird.

(kurze Pause)

Einstimmung zum ersten Gesätzchen

„Der für die Einheit seiner Getreuen gebetet hat"

Ein letztes Herzensanliegen, das Jesus im Abendmahlsaal in Jerusalem unmittelbar vor seinem Leiden und Sterben ausgesprochen hat, bedrängte und beschäftigte ihn: Das Anliegen der Einheit seiner Getreuen. Jesus hat in die Schar seiner Apostel Männer berufen, die in der

Lebensmitte standen und geprägte Persönlichkeiten waren. Eine „geschwisterlich" brave Gemeinschaft waren sie nach Auskunft der Evangelien nicht.

Jesus kannte die Unterschiedlichkeit seiner Apostel. Er wußte um die Streitigkeiten, Spannungen und Rivalitäten unter ihnen. Was würde geschehen, wenn er nicht mehr vermittelnd und versöhnend unter ihnen sein würde? Nicht auf gute und mahnende Worte setzt Jesus. Er wendet sich im Gebet an den himmlischen Vater und fleht für seine Glaubensgemeinschaft um die Gnade der Einheit und des Friedens, des gegenseitigen Verstehens und Verzeihens.

Gewiß könnte Gott die Einheit des Glaubens und seiner Getreuen in seiner Allmacht durchsetzen. Gerade hier zeigt sich das Geheimnis der Diskretion Gottes. Er respektiert die Freiheit der Menschen, die er als Schöpfergott verliehen hat, auch dann, wenn diese sich gegen ihn erheben. Einheit ist das Anliegen Gottes. Spaltung ist das mit Schuld beladene Werk der Menschen.

Einstimmung zum zweiten Gesätzchen

„Der uns den Heiligen Geist als Weggeleiter in alle Wahrheit gesandt hat"

In den knapp drei Jahren seines öffentlichen Wirkens hat Jesus seine Botschaft nur in den Grundaussagen verkünden können. Es war sicherlich für die Apostel nicht leicht, dem Neuen dieser Botschaft geistig zu folgen und seine Tiefe und Auswirkung zu erahnen. Jesus selbst hat in seinen Abschiedsreden auf diese schwierige Anfangssituation des Glaubens hingewiesen: „Noch vieles hätte ich euch zu sagen, aber ihr könnt es jetzt nicht ertragen" (Johannes 16,12). Ausdrücklich hat Jesus seine Jünger darauf aufmerksam gemacht, „Jerusalem nicht zu verlassen, sondern die Verheißung des Vaters abzuwarten, ihr werdet in wenigen Tagen mit dem Heiligen Geist getauft werden" (Apostelgeschichte 1,4–5). „Der Geist der Wahrheit wird euch in alle Wahrheit einführen" (Johannes 16,13).

Immer wieder hat es im Laufe der christlichen Glaubensgeschichte Schwierigkeiten bei der Auslegung der Heiligen Schrift gegeben. Die Suche nach der Gotteswahrheit ist eine Geschichte des Beschenktwerdens, aber auch eine Geschichte heftiger Auseinandersetzungen und Streitigkeiten. Im Streit um die Wahrheit hat man sich nicht selten „auseinander"-geredet, hat aneinander „vorbei"-geredet. „Wer zu stehen meint, der gebe acht, daß er nicht falle" (1 Korinther 10,12).

Es ist der Heilige Geist, der Geist der Wahrheit und des Friedens, der die Gemeinschaft der Christusgetreuen in der Wahrheit hält und erhält und der den Weg in die Tiefe der Wahrheit eröffnet.

(kurze Pause)

Einstimmung zum dritten Gesätzchen

> „Der uns die Sorge für die Wahrheit und Einheit des Glaubens anvertraut hat"

„Das Geheimnis des Glaubens" (1 Timotheus 3,9) ist Geschenk der Gnade. Jedem einzelnen Christen wie dem ganzen Gottesvolk ist es als „kostbares Gut" anvertraut. Nur „durch die Kraft des Heiligen Geistes, der in uns wohnt" (2 Timotheus 1,14), können wir „die gesunde Lehre" (2 Timotheus 4,3) unverzerrt und unverfälscht bewahren, denn „es kommt die Zeit, da man die gesunde Lehre unerträglich findet" (2 Timotheus 4,3; Johannes 6,60–62).

Im Ringen um die Gotteswahrheit hat es im Laufe der Kirchengeschichte immer wieder heftige Diskussionen (Galater 2,11–14), Streitigkeiten, sogar Spaltungen gegeben. Nicht wenige dieser Spaltungen trennen die Christenheit bis zum heutigen Tag. Wo immer Christen in unterschiedlichen Gemeinschaften getrennt glauben und beten, muß die Sorge um die Wahrheit und die zerrissene Einheit im Glauben sie beunruhigen. Alle noch so gut gemeinten Bemühungen um die Einheit im Glauben und in der Kirchengemeinschaft bleiben auf Dauer erfolglos, wenn sie nicht gegründet sind in der vollen und ganzen Wahrheit Gottes. „Nur die Wahrheit wird euch frei machen" (Johannes 8,32). Nur die volle

Formen des Rosenkranzgebetes 202

und ganze Wahrheit kann den Weg in eine gute und einige Zukunft aller Christen erschließen.

(kurze Pause)

Einstimmung zum vierten Gesätzchen

> **„Der durch den Heiligen Geist die verschiedenen Gnadengaben in der Einheit des Glaubens zusammenhält"**

Der ewige Gott erweist sich im Werk seiner Schöpfung wie im Werk seiner Erlösung als Gott der Fülle. In Überfülle schenkt er seinen Erlösten Gnadengaben und Wunderwirkungen. Als Christen müssen wir lernen, mit der Sorge für die Einheit das breite Spektrum der Unterschiede christlichen Glaubens und Betens zu verbinden. Einheit ist mehr, aber auch spannungsgeladener und fruchtbarer als Einheitlichkeit.

Das erste Pfingstfest ist ein von Gott selbst gesetztes Zeichen und ein bleibender Impuls, in der Unterschiedlichkeit der Sprachen (Apostelgeschichte 2,4) die Einheit des Glaubens zu erfahren und gemeinsam „die Großtaten Gottes zu verkünden" (Apostelgeschichte 2,11). Die Vielfalt der Gnadengaben ist verliehen „zur Auferbauung der Gemeinde in Fülle" (1 Korinther 14,12), denn „alles wirkt ein und derselbe Geist, der einem jeden zuteilt, wie er will" (1 Korinther 12,11). Der Gott allein vorbehaltene und von Gott allein geschenkte Tag der Wiedervereinigung ist ein Tag des gegenseitigen Sich-Beschenkens – ein Tag, der zum Segen für die Kirche und für die ganze Menschheit werden wird.

(kurze Pause)

Einstimmung zum fünften Gesätzchen

> **„Der in uns die Sehnsucht nach der Einheit des Glaubens vertieft"**

Das Heilsereignis der Wiedervereinigung ist Geschenk der Gnade. Allein der barmherzige Gott bestimmt, ob dieser Freudentag bereits in der Geschichte oder erst am Ende der Geschichte eintreten wird. „Suchet zuerst das Reich Gottes und seine Gerechtigkeit, und dies alles wird euch hinzugegeben werden" (Matthäus 6,33).

Die Wiedervereinigung läßt sich nicht „machen". Sie kann nur mit geläutertem Herzen und mit einem vertieften Glauben empfangen werden. Lassen wir Heilswirklichkeit werden, was Gott an uns vollbringen will: „Ich schenke euch ein neues Herz und lege einen neuen Geist in euch" (Ezechiel 36,26). Daß dieses „neue Herz" und dieser „neue Geist" in der immer noch gespaltenen Christenheit an Lebenskraft gewinne, darum laßt uns in diesem Bitt-Rosenkranz um die Einheit der Christen beten – und auch in unserem ganzen Leben für dieses Anliegen Mitsorge und Mitverantwortung tragen.

(kurze Pause)

14.
Missions-Rosenkranz für die Ausbreitung des christlichen Glaubens

Vorbemerkung

Durch die modernen Medien sind die Menschen enger zusammengerückt. Geschichte, Kultur, Religionen anderer Völker sind für jeden Interessierten offen ausgebreitet. Alltäglich werden sie uns vor allem im Fernsehen, aber auch in herrlichen Bildbänden, vor Augen geführt. Wir lernen die großen Weltreligionen kennen. Wir bestaunen ihre Tempel und Götterstatuen. Wir lesen in ihren „Heiligen Schriften" und werden mit ungeahnten, oft wertvollen Impulsen der Spiritualität, der Meditation und Mystik beschenkt.

Die multikulturelle und multireligiöse Atmosphäre eines neuen Zeitalters (New Age) beginnt spürbar zu werden. Schon spricht man davon, daß das Zeitalter der Fische, in dem das Christentum, aber auch theologische Streitigkeiten und Religionskriege bestimmend waren, um das Jahr 2000 abgelöst werde durch das Zeitalter des Wassermanns, das von totaler Toleranz und Religionsfreiheit, von mündiger, aufgeklärter Geistesweite geprägt sein werde. Die Devise dieses neuen Zeitalters werde lauten: Jeder kann nach seiner Façon selig werden!

Hat mit einer solchen Einebnung der Religionen das Ende des Christentums begonnen? Verliert Jesus, der menschgewordene Sohn Gottes und „einzige Mittler zwischen Gott und den Menschen" (1 Timotheus 2,5) an Bedeutung?

Damit stellt sich die Grundsatzfrage der christlichen Mission, die ihren Auftrag auf die Worte Jesu zurückführt: „Gehet hin zu allen Völkern, und macht alle Menschen zu meinen Jüngern; tauft sie auf den Namen des Vaters und des Sohnes und des Heiligen Geistes, und lehrt sie, alles zu befolgen, was ich euch geboten habe" (Matthäus 28,19–20).

Der Missions-Rosenkranz für die Ausbreitung des christlichen Glaubens wurzelt im Glauben und der Hoffnung, daß Jesus Christus „der Retter aller Menschen" (1 Timotheus 4,10) ist. In Jesus und der in seiner irdischen Nachfolge stehenden Kirche ist der Weg zum Heil aufgezeigt. In ihren „Hymnen an die Kirche" hat die deutsche Konvertitin und Schriftstellerin Gertrud von Le Fort (1876–1971) über die Kirche festgehalten:

„Ich bin die Straße aller Straßen,
auf mir ziehen die Jahrtausende zu Gott."

Gesamtüberblick über die fünf Gesätzchen des Missions-Rosenkranzes für die Ausbreitung des christlichen Glaubens:

> „Der den Missionsauftrag dem ganzen Volk Gottes gegeben hat"
> „Der Mitarbeiter in den Weinberg der Weltmission sendet"
> „Dessen Botschaft unter der Führung des Heiligen Geistes in verschiedenen Sprachen verkündet wird"

> „Der im Wort und Sakrament inmitten aller Völker gegenwärtig und wirksam ist"
> „Der im Missionsland unserer Heimat die Gnade der Umkehr und den Neubeginn des Glaubens schenkt"

Nach der Einleitung (Apostolisches Glaubensbekenntnis, Ehre sei, Vaterunser, drei Ave Maria mit den Gesätzchen der drei göttlichen Tugenden Glaube, Hoffnung und Liebe, sowie dem abschließenden Ehre sei) folgt – nach einer kurzen Stille – die Gesamteinstimmung, gesprochen vom Vorbeter (Priester, Diakon, Laie). Die Einstimmung zu den einzelnen Gesätzchen wird jeweils nach dem eröffnenden Vaterunser und vor dem ersten Ave Maria gesprochen.

Gesamteinstimmung

Bis zum Ende der Weltgeschichte ist die Kirche eine pilgernde Gemeinschaft. Sie ist unterwegs zu allen Völkern und steht unter der Sendung, der missio Jesu: „Geht hin zu allen Völkern, und macht alle Menschen zu meinen Jüngern" (Matthäus 28,19).

Die pilgernde Kirche ist eine missionarische Kirche. In ihr setzt sich die Sendung fort, die Jesus, der menschgewordene Sohn Gottes, vom Vater-Gott empfangen hat: „Wie mich der Vater gesandt hat, so sende ich euch"

Ausbreitung des christlichen Glaubens

(Johannes 17,18). Die Missionare und Missionsschwestern, ihre vielen Mitarbeiter als Missionsärzte und Katecheten brauchen neben unserer finanziellen Hilfe vor allem unser Gebet. Nur wenn Gottes Gnade mitwirkt, kann ihr harter und selbstloser Einsatz gelingen, Frucht bringen und „zur Aufbauung der Gemeinde in Fülle" (1 Korinther 14,12) beitragen. Bitten wir daher den Herrn der Mission, daß er auch in der jungen Generation von heute den Wunsch nach Missionsberufen wecke! Gott möge seine Mitarbeiter auf den vielen Missionsfeldern des Erdballs mit der Gabe seiner gnädigen Führung begleiten! Er möge sie bei Mißerfolgen und in Verfolgungen trösten und vor Mutlosigkeit bewahren!

Wir dürfen aber nie vergessen, daß auch unsere eigene Heimat Missionsland geworden ist. Glaube und Kirchentreue schwinden und zerbrechen in vielen Familien getaufter Christen. Das Wort „Re-Evangelisation" will ins breite Bewußtsein heben, daß einst christlich lebendige und tiefgläubige Völker Europas von neuem und unter größeren Schwierigkeiten als bei der Erstbekehrung für das Evangelium Jesu Christi wieder zu gewinnen sind.

Der Missions-Rosenkranz steht daher unter einem Doppelanliegen: Verbreitung des christlichen Glaubens bei jenen Völkern, die Christus noch nicht kennen, aber auch Wiederverkündigung des Evangeliums in unserem eigenen Volk, in dem die Kraft und Freudigkeit des christlichen Glaubens Schaden gelitten haben.

(kurze Pause)

Einstimmung zum ersten Gesätzchen

> „Der den Missionsauftrag dem ganzen Volk
> Gottes gegeben hat"

Jesus Christus, der als menschgewordenes Wort Gottes (Johannes 1,14) unter uns gelebt hat, ist nicht nur der Messias und Erlöser eines einzigen Volkes. Er ist der eine und einzige „Retter aller Menschen" (1 Timotheus 4,10). Als missionierende Kirche steht das pilgernde Gottesvolk bis zum Ende der Geschichte unter dem Auftrag Jesu: „Gehet hin zu allen Völkern, und macht alle Menschen zu meinen Jünger!" (Matthäus 28,19).

Eine Kirche, die für die Weltmission sich nicht mehr interessiert und zu Missionsopfern nicht bereit ist, verkümmert zu einer egoistischen Versorgungskirche, deren Fundamente immer brüchiger werden. Sie verliert an Glaubwürdigkeit nach außen wie an Überlebenskraft nach innen. Man kann sich von Gott nicht überreich beschenken lassen, aber dem Weiterschenken an andere sich versperren. Wer den Segen, das Glück und den Frieden Gottes unverdient und in überreichem Maße empfangen durfte, muß sich innerlich dazu aufgerufen fühlen, missionarischer Wegbereiter zu sein, damit auch anderen dieser Segen, dieses Glück und dieser Friede Gottes zuteil werde.

Ausbreitung des christlichen Glaubens

Eine Kirche ist dann eine innerlich arme Kirche, wenn der Missionsauftrag Jesu nur noch mit Geldspenden abgegolten wird, aber keine Mitarbeiter mehr für die vielfältigen Aufgaben der Weltmission gefunden werden können. Das Missionsinteresse ist ein untrüglicher Gradmesser für die lebendige Gläubigkeit und für die opferbereite Christustreue einer Pfarrgemeinde, eines Bistums. Die Aufgaben der missionierenden Kirche dürfen wir nie aus den Augen, nie aus unseren Gebeten verlieren.

(kurze Pause)

Einstimmung zum zweiten Gesätzchen

> **„Der Mitarbeiter in den Weinberg der Weltmission sendet"**

Pilgerschaft und Auf-dem-Weg-sein sind bleibende Kennzeichen der Gemeinschaft der Glaubenden. Die Gläubigen sind unterwegs, „bis der Herr wiederkommt" (1 Korinther 11,26). Einer Generation, die noch glaubt, kann eine Generation folgen, der Schwung und Opferbereitschaft des Glaubens fehlen. Ein Wandel und Zerfall der Werte und Leitideen ist heute nicht mehr zu leugnen. Glaubensorientierungen der Vergangenheit verblassen.

Die gesamte Erde ist und bleibt ein Weinberg der Weltmission, der immer neu bestellt werden muß. Es genügt nicht, das bisher Erreichte nur zu erhalten. Wenn es nicht mit neuem Leben erfüllt wird, verkommt und zerfällt alles Gewonnene. Hoffnungsträger der kirchlichen Zukunft sind diejenigen Berufe, die Gott auswählt und bald diesem, bald jenem Volk schenkt. „Nicht ihr habt mich erwählt, sondern ich habe euch erwählt" (Johannes 15,16). Damit auch aus unserem Volk Christen ihr Jawort zur Berufung und zum ungeteilten Dienst für Gott und für die Menschen geben können, brauchen sie unser Gebet. Mitarbeiter in der Seelsorge der Heimat wie in der Weltmission zu sein, ist ein Wagnis, das nur im Vertrauen auf Gottes berufende und begleitende Gnade gelingt.

Mit Christus laßt uns beten: „Die Ernte ist groß, aber der Arbeiter sind wenige. Bittet daher den Herrn der Ernte, daß er Arbeiter in seine Ernte sende" (Matthäus 9,37–38).

(kurze Pause)

Einstimmung zum dritten Gesätzchen

„Dessen Botschaft unter der Führung des Heiligen Geistes in verschiedenen Sprachen verkündet wird"

Von dem Würzburger Theologen Hermann Schell (1850–1906) stammt das Wort: „Der Pfingsttag kennt keinen Abend". Am ersten Pfingsttag haben die Menschen in unterschiedlichen Sprachen gesprochen. Dennoch haben sie sich unter der Führung des Heiligen Geistes in der Einheit des Glaubens verstanden.

Eine der großen und immer neu zu bewältigenden Aufgaben der Weltmission besteht darin, die *eine* Botschaft Jesu in der Vielfalt der Sprachen weiterzugeben – ohne sie zu verkürzen, ohne sie zu verändern. Diese schwierige, katechetische Aufgabe der Weltmission kann nur unter der Führung des Heiligen Geistes gelingen, der „diesem die Sprachengabe, jenem die Auslegung der Sprachen" (1 Korinther 12,10) verleiht.

Wir machen uns viel zu wenig Gedanken, welch schwierige Sprach- und Übersetzungsprobleme in den Missionsgebieten Afrikas, des Fernen Ostens oder Südamerikas zu meistern sind. Lebendige Überlieferung ist alles andere als monotones Wiederholen. Der Heilige Geist ist es, der als „Weggeleiter in alle Wahrheit" (Johannes 16,12–13) hineinführt – und zwar ebenso in neue sprachliche Ausdrucksformen wie in neue Akzente der Wahrheit. Er ist es auch, der beides in der Verkündigung und in den Katechismen der Missionare zum heilbringenden Ereignis werden läßt.

Mit jeder neuen Sprache, in der die Botschaft Jesu verkündet wird, erfährt das Pfingstfest eine Ausweitung und Vertiefung, denn der Abend des Pfingsttages ist erst dann gekommen, wenn der Herr am Ende der Geschichte wiederkehrt (1 Korinther 11,26).

(kurze Pause)

Einstimmung zum vierten Gesätzchen

> **„Der im Wort und Sakrament inmitten aller Völker gegenwärtig und wirksam ist"**

Aus dem Prolog des Johannesevangeliums sind uns die Worte vertraut: „Und das Wort ist Fleisch geworden und hat unter uns gewohnt, und wir haben seine Herrlichkeit gesehen, die Herrlichkeit des einzigen Sohnes vom Vater, voll der Gnade und Wahrheit" (Johannes 1,14).

Der gekreuzigte und auferstandene Christus will unter den Menschen nicht dadurch gegenwärtig sein, daß man „über" ihn spricht und an ihn denkt. Der in den Himmel aufgefahrene Herr sitzt ebenso zur Rechten des Vaters wie er mitten unter uns lebt. „Ich bleibe bei euch alle Tage bis zum Ende der Welt" (Matthäus 28,20). Im Wort der Kirche spricht Jesus selbst. Im Sakrament werden wir an seine Erlösung nicht nur erinnert. Christus ist im Sakrament Spender und Gabe zugleich. Ewiges Leben beginnt nicht erst im Jenseits. Es ist bereits hier und heute Heilswirklichkeit.

Ausbreitung des christlichen Glaubens

Der auferstandene Christus hat sich nicht in das Jenseits zurückgezogen und die Kontakte zu den Menschen abgebrochen. Der Herr ist mitten unter uns! Er spricht heute noch zu uns in seinem Wort. Er spendet heute noch Segen und Gnade in seinen Sakramenten. Im Wort und in den Sakramenten schenkt er als Retter aller Menschen Heil und Heilung. Dies geschieht nicht aus weiter, jenseitiger Ferne. Der auferstandene Herr ist in der Gemeinschaft der Glaubenden eindringlich, aber nicht aufdringlich, diskret, aber doch wirklich als das allein heilende und heiligende Du gegenwärtig und wirksam.

(kurze Pause)

Einstimmung zum fünften Gesätzchen

> „Der im Missionsland unserer Heimat die Gnade der Umkehr und den Neubeginn des Glaubens schenkt"

Die Sorge um die Weltmission darf uns nicht blind machen für die Glaubensnöte und -probleme unserer Heimat. Gott hat unserem Volk auf seinem Weg durch die Geschichte Gnade über Gnade geschenkt. Er hat nach Zeiten, die mit Blut und Tränen geschrieben sind, immer wieder die Gnade des Neuanfangs gegeben.

Nicht wenige von uns sind bedrückt wegen des schleichenden Abfalls vom Glauben, wegen der religiösen Gleichgültigkeit und der zahlreichen Abtreibungen in einem Land des Wohlstandes. Wie soll es weitergehen? Ist die Zukunft unseres Glaubens unsere Vergangenheit?

Gewiß sind Glaube und Glaubenszukunft Geschenk der Gnade. Wie unsere Vorfahren leben auch wir selbst vom Ja Gottes, das uns immer wieder beglückt, aber auch beschämt. Nach Berichten aus den katholischen Weltmissionen wächst das Christentum in Ländern der Dritten Welt – trotz mancherlei Nöten – nicht nur zahlenmäßig, sondern auch an innerer Kraft. Es ist bedrückkend, wenn unsere Heimat, aus der einst viele Missionare und Laienmitarbeiter berufen wurden, Missionsland zu werden droht.

Was in unser aller Kraft steht, sollten wir tun: Verbinden wir mit dem Gebet für die Verbreitung des Glaubens das Ernstmachen, gute, glaubwürdige Christen zu werden. Hierin liegt ein großes Anliegen, das uns beim Beten dieses letzten Gesätzchen und darüber hinaus in unserem ganzen Leben bewegen sollte!

(kurze Pause)

15.
Bitt-Rosenkranz um den Frieden

Vorbemerkung

Nach unzähligen Kriegen mit Millionen von Opfern haben die Menschen immer noch nicht gelernt, den Frieden für alle Völker und für alle Zeiten zu sichern. Nicht wenige Friedensverträge, diktiert von den Siegermächten, waren von dem Motto bestimmt: Wer die Macht hat, hat das Recht und bestimmt auch das Recht! Friedrich Schiller (1759–1805) bemerkt in seinem „Wilhelm Tell" (IV,3):

„Es kann der Frömmste nicht im Frieden bleiben,
wenn es dem bösen Nachbarn nicht gefällt."

Er hat damit ebenso auf die Quelle kleiner Familienquerelen wie kriegslüsterner Machtgier von Herrschern und Politikern aufmerksam gemacht – auf das böse, babylonisch verwirrte und süchtige Herz. Dieses böse Herz gleicht einem scheinbar erloschenen Vulkan, der unerwartet und mit verheerenden Folgen ausbricht. Durch eine tiefe Verderbnis – wir Christen sprechen von Ursünde und Erbschuld – sind Tiefenschichten der menschlichen Person Angriffen ausgesetzt und verunsichert. Der französische Mathematiker und Philosoph Blaise Pascal (1623–1662) sah sich deshalb zu der Aussage gedrängt: „Das dunkelste Geheimnis, das es für unseren Verstand geben kann, das Mysterium der Erbsünde, ist der einzige Schlüssel zum Verständnis unseres Wesens ... ohne dieses Geheimnis, das unbegreiflichste von allen, sind wir uns selbst unbegreiflich."

Solange „das böse Herz" als Unruheherd der kleinen Lebensgeschichte wie der großen Weltgeschichte sich nicht verändert, bleiben alle Friedensbemühungen internationaler Gremien und good-will-Aktionen im Vorläufigen und Vorletzten hängen. Das schwierigste – gerade deshalb aber auch das wichtigste und erste – Terrain aller Friedensbemühungen ist das eigene Herz, das eigene Denken und deren ständige Überprüfung und Läuterung. „Wo Eifersucht und Ehrgeiz herrschen, da gibt es Unordnung und böse Taten jeder Art ... Woher kommen die Kriege bei euch, woher die Streitigkeiten? Doch nur vom Kampf der Leidenschaften in eurem Innern. Ihr begehrt und erhaltet doch nichts" (Jakobus 3,16; 4,1–2).

Es genügt nicht, vom Frieden nur zu reden und Aktionen oder Demonstrationen für den Frieden zu veranlassen. Die menschliche Existenz muß in allen Schichten geläutert sein, damit sie Wegbereiterin jenes Friedens sein kann, von dem Jesus, der Christus und „Friedensfürst" (Jesaja 9,6), gesprochen hat: „Den Frieden hinterlasse ich euch, meinen Frieden gebe ich euch. Nicht wie die Welt ihn gibt, gebe ich ihn euch. Euer Herz bange nicht und zage nicht" (Johannes 14,27)!

Immer bewußter und umfassender muß der Christ zunächst in der schwierigsten Pfarrei der Weltgeschichte, nämlich in seinem eigenen Herzen und Leben, seine Auferstehung zum Frieden verwirklichen. Nur dann erweist er sich jener Gabe des Friedens als würdig, die der auferstandene Christus seinen Getreuen verheißen hat: „Friede (schalóm) sei mit euch!" (Lukas 24,36; Johannes 20,19.21). Haben wir vergessen, daß jeder Sonntag Erinnerungstag an die Auferstehung des Herrn und damit auch Erinnerungs- und Ermutigungstag zum wahren und dauerhaften Frieden ist, den allein der Herr geben kann?

Formen des Rosenkranzgebetes

Gesamtüberblick über die fünf Gesätzchen des Bitt-Rosenkranzes um den Frieden:

> „Der uns von Sünde und Friedlosigkeit erlöst hat"
> „Der uns zu Wegbereitern des wahren und dauerhaften Friedens berufen hat"
> „Der uns vor einem Scheinfrieden ohne Wahrheit und Gerechtigkeit gewarnt hat"
> „Der die Freiheit der Menschen respektiert und das Böse in der Welt zuläßt"
> „Der uns das ewige Reich der Wahrheit, der Gerechtigkeit und des Friedens verheißen hat"

Nach der Einleitung (Apostolisches Glaubensbekenntnis, Ehre sei, Vaterunser, drei Ave Maria mit den Gesätzchen der drei göttlichen Tugenden Glaube, Hoffnung und Liebe, sowie dem abschließenden Ehre sei) folgt – nach einer kurzen Stille – die Gesamteinstimmung, gesprochen vom Vorbeter (Priester, Diakon, Laie). Die Einstimmung zu den einzelnen Gesätzchen wird jeweils nach dem eröffnenden Vaterunser und vor dem ersten Ave Maria gesprochen.

Gesamteinstimmung

Jesus Christus hat seine Jüngergemeinschaft mit dem Auftrag in die Welt gesandt, Frieden zu bringen und

Frieden zu sichern und dort, wo Unfriede herrscht, als Wegbereiter des Friedens zu wirken.

Christlicher Glaube sorgt sich gewiß um Heil und Rettung der eigenen Seele – „Was nützt es dem Menschen, wenn er die ganze Welt gewinnt, aber dabei seine Seele verliert?" (Markus 8,36) –; gleichzeitig hat er aber auch eine gemeinschaftliche Zielsetzung: Sorge und Verantwortung zu tragen für den Frieden im eigenen Volk wie für den Frieden im Zusammenleben der Völker. „Waffengewalt ist des Menschen unwürdig", wie Papst Johannes Paul II. in den Wirren des Golfkrieges 1991 sagte.

Zu den großen, heiligen Friedensstiftern zählen Franziskus von Assisi (1182–1226) und Bruder Klaus von Flüe (1417–1487). Von Franziskus, der eine besondere Sensibilität für den Frieden in der Schöpfung Gottes hatte – die in seinem „Sonnengesang" anklingt –, stammt ein berühmtes Friedensgebet, das über unserem Bitt-Rosenkranz um den Frieden stehen soll:

> *„Herr Jesus Christus!*
> *Mache mich zu einem Werkzeug des Friedens,*
> *daß ich Liebe bringe, wo Haß ist,*
> *daß ich verzeihe, wo Schuld ist,*
> *daß ich vereine, wo Zwietracht herrscht,*
> *daß ich Wahrheit bringe, wo Irrtum ist,*
> *daß ich den Glauben bringe, wo Finsternis ist,*
> *daß ich Freude bringe, wo Leid ist.*
> *Herr, mache mich zu einem Werkzeug des Friedens."*
>
> *(kurze Pause)*

Einstimmung zum ersten Gesätzchen

> **„Der uns von Sünde und Friedlosigkeit
> erlöst hat"**

Durch Jesus Christus sind die Menschen von einem Zustand erlöst worden, den Gott nicht gewollt, sondern den die Menschen verursacht haben. Im biblischen Text vom Paradies und Sündenfall der ersten Menschen (Genesis 2,15–17; 3,1–13.16–24) liegt als überaus dichter Gleichnisbericht eine Freiheitsgeschichte mit unermeßlichen Folgen vor.

Nicht eine alles lähmende Vorherbestimmung ist Ursache des vielfältigen und unerlösten Elends. Vielmehr hat der Mensch in Freiheit sich gegen Gott gestellt. Der Mensch gegen Gott, der Mensch ohne Gott, ist nur ein Bruchstück dessen, was Gottes Schöpfungsliebe gewollt hat. Unruhe und Friedlosigkeit, Herrschen- und Beherrschen-, Haben- und Genießen-Wollen ziehen sich wie eine dunkle Spur durch die Weltgeschichte.

In fast allen Weltreligionen klingt die Sehnsucht nach einem Retter und Erlöser, nach göttlicher Befreiung von Schuld und Sünde an. In freudiger Dankbarkeit dürfen wir bekennen: „Christus ist die ausgestreckte Hand Gottes, die sich aus dem Dunkel reckt, und die Gott den Menschen in Christus hinhält, daß er einschlage und sich heimziehen lasse in die Gottesnähe, in das Vaterhaus, zu seinem Ursprung" (Gustav Adolf Gedat).

Wer Christus gefunden hat, hat den Frieden und die Freude und das Glück gefunden.

(kurze Pause)

Einstimmung zum zweiten Gesätzchen

> **„Der uns zu Wegbereitern des wahren und dauerhaften Friedens berufen hat"**

Christ ist man mit anderen. Christ ist man für andere. Für jeden Christ ist auf Dauer der Auftrag Jesu bindend, in den vielfältigen Bereichen seines Lebens, in Familie und Beruf Wegbreiter des Friedens zu sein.

Man sorgt und engagiert sich für den Frieden, wenn man seinen Willen ändert, d. h. wenn man seinen Willen mit dem Willen Gottes vereint und aus dieser Willensgemeinschaft heraus mit Gott lebt, betet, handelt. Räumen wir aus unseren Herzen alle „sperrigen Hindernisse", alle Barrikaden der Vorurteile und Verstimmungen weg, die unser Zusammenleben mit anderen Menschen belasten und erschweren.

Sich in den Willen Gottes, der ein Gott des Friedens ist (1 Korinther 14,32) hineinverwandeln – richtiger gesagt: sich durch Gottes Gnadenhilfe hineinverwandeln lassen –, ist die entscheidende Voraussetzung für den inneren, aber auch für den äußeren Frieden. Wie kann derjenige für den Frieden eintreten und in seinen Bemühungen ernstgenommen werden, der selbst ein gieriger, neidischer und unbeherrschter, unersättlicher und zorniger Mensch ist und als solcher bekannt ist und gemieden wird?

(kurze Pause)

Einstimmung zum dritten Gesätzchen

> „Der uns vor einem Scheinfrieden ohne Wahrheit und Gerechtigkeit gewarnt hat"

Die Verkündigung der Geburt Jesu wird in der Botschaft der Engel verbunden mit der Verheißung des „Friedens für alle Menschen, die eines guten Willens sind" (Lukas 2,14).

Heute wird Jesus sehr häufig, bisweilen fast ausschließlich, mit seiner Seligpreisung aus der Bergpredigt zitiert: „Selig die Friedensstifter, denn sie werden Söhne Gottes genannt werden" (Matthäus 5,9). Fast überhört man, daß der gleiche Jesus von Nazaret auch gesagt hat: „Ich bin nicht gekommen, den Frieden zu bringen, sondern das Schwert" (Matthäus 10,34–36). Dennoch steht die Seligpreisung der Friedensstifter durch Jesus nicht im Widerspruch zu seinem Wort vom Schwert:

Der wahre und dauerhafte Friede, den Jesus meint, ist kein Friede um jeden Preis, geschweige denn ohne jeden Preis. Jesus will keinen „faulen Frieden", der die Frage der Wahrheit, der Gerechtigkeit und der Liebe nicht stellt und bewußt ausklammert. Jesus ist in die Welt gekommen, die Maskerade der Unwahrheit, der Lüge, der Lieblosigkeit und Menschenverachtung zu entlarven. „Zum Gericht bin ich in die Welt gekommen" (Johannes 9,39).

Wer Jesus sagt, sagt Friede – Friede in Freiheit, in Wahrheit, sozialer Gerechtigkeit und Nächstenliebe. So mancher Märtyrer hätte sein Leben retten können, wenn er einem billigen Kompromiß mit zweideutigen Unterstellungen zugestimmt hätte. Auf Dauer führen nur die Wege der Wahrheit, der Gerechtigkeit und der Liebe zu jenem Frieden, dessen Bringer und Garant der menschgewordene, gekreuzigte und auferstandene Sohn Gottes ist.

(kurze Pause)

Einstimmung zum vierten Gesätzchen

„Der die Freiheit der Menschen respektiert und das Böse in dieser Welt zuläßt"

Christen vertrauen auf die Gnade Gottes. Gleichzeitig wissen sie, daß Gott seine Gnadenhilfe zwar immer wieder anbietet, daß er aber die Freiheit des Menschen, die er selbst als Schöpfungsauszeichnung gegeben hat, dabei nicht aufhebt.

Durch seine Freiheit ist der Mensch fähig, gegen Gott sich zu erheben und Entscheidungen zu treffen, die nicht Pläne Gottes sind. Es gibt menschliche Verhärtung und Bosheit, die dann tragisch wird, wenn starrsinnige, unbelehrbare Herrscher Völker in blutige und sinnlose Kriege hineinreißen. Die Bücher der Weltgeschichte, auf vielen Seiten mit Blut und Tränen beschrieben, sind eine erschütternde Demonstration dessen, daß das Böse und „der Böse" gewaltige Macht besitzen. Auf den Acker Gottes sät der böse Feind immer wieder das Unkraut des Streites und des Neides. Der Herr über Leben und Tod ruft machtgierigen Herrschern, die kalt und herzlos über Leichen gehen, ein Wort aus dem biblischen Bericht über den ersten Brudermord in Erinnerung: „Das Blut deines Bruders schreit zu mir vom Ackerboden" (Genesis 4,10).

Im liturgischen Abendgebet, der Komplet, erinnert die Kirche jeden Tag mit großem Ernst an das Wirken des Bösen: „Seid nüchtern und wachsam! Euer Widersacher, der Teufel, geht umher wie ein brüllender Löwe und sucht, wen er schlingen könnte. Widersteht ihm fest im Glauben! Ihr wißt doch, daß euren Brüdern in der Welt dieselben Leiden widerfahren" (1 Petrus 5,8–9).

Wer auf Gott setzt, hofft in allem und trotz allem, daß mit seiner Hilfe aussichtslose Fälle und Probleme gelöst werden. Gewiß hat das Leiden und Sterben Jesu Christi unser Leid und unsere Ängste nicht aufgehoben. Aber gerade dadurch, daß er unser Leid mit-leidet, wandelt es sich. Stellen wir uns stets klar und entschieden auf die Seite Jesu und damit auf die Seite der Wahrheit, der Gerechtigkeit und des Friedens, und „geben wir nicht Raum dem Teufel" (Epheser 4,27).

(kurze Pause)

Einstimmung zum fünften Gesätzchen

> **„Der uns das ewige Reich der Wahrheit, der Gerechtigkeit und des Friedens verheißen hat"**

Im Vaterunser beten wir: „Dein Reich komme!" Gewiß ist mit Jesus Christus das Reich Gottes bereits gekommen. Seine endgültige Fülle und Bekrönung wird das Reich Gottes aber erst dann erreichen, wenn mit dem jüngsten und letzten Tag der Weltgeschichte alle Zeit einmündet in die Ewigkeit.

Dann wird „Gott alles in allem sein" (1 Korinther 15,28). Wir werden im Himmel nicht nur „sehen, wie er (Gott) ist" (1 Johannes 3,2); wir werden in allen Fasern unserer Existenz seine Nähe, seine Freundschaft erleben. Die ganze erlöste Schöpfung wird durchströmt und beglückt sein von der Liebe, der Güte und Menschenfreundlichkeit Gottes, von seinem Frieden.

Der Himmel ist das große, nie endende Beschenktwerden durch Gott, die Erfüllung der angekündigten Verheißung, „die Gott denen bereitet, die ihn lieben" (1 Korinther 2,9). Unfriede und Streit, Eifersucht, Neid und Stolz haben dann keinen Platz mehr. „Was früher war, ist vergangen. Seht, ich mache alles neu" (Offenbarung 21,5).

Der Himmel ist unaussprechlich größer und beglückender Friede, weil dann Sinn und Ziel des Menschen und alle seine Wünsche und Sehnsüchte in der Liturgie des dreifaltigen Gottes verwandelt zur Voll-Endung gekommen sind. Denn „die Welt ist um des Gebetes willen geschaffen worden", wie Franz von Sales (1567–1622) gesagt hat. Weil es für den Menschen kein größeres Ziel gibt als die lobpreisende und dankbare Verherrlichung Gottes, hat er gerade in der himmlischen Liturgie sein eigenes Glück, seinen eigenen Frieden gefunden, außerhalb dessen nichts anderes mehr erstrebenswert ist.

(kurze Pause)

Lied zum Abschluß: Im Frieden dein, o Herre mein, 1. und 3. Strophe (Gotteslob Nr. 473)

1. Im Frieden dein, o Herre mein,
   laß ziehn mich deine Straßen.

Wie mir dein Mund gegeben kund,
schenkst Gnad du ohne Maßen,
hast mein Gesicht das selge Licht,
den Heiland, schauen lassen.
3. O Herr, verleih, daß Lieb und Treu
in dir uns all verbinden,
daß Hand und Mund zu jeder Stund
dein Freundlichkeit verkünden,
bis nach der Zeit den Platz bereit
an deinem Tisch wir finden.

Text: Friedrich Spitta 1899 nach einer Vorlage von Johann Englisch vor 1530
Melodie: Wolfgang Dachstein vor 1530

16.
Rosenkranz um eine gute Sterbestunde

Vorbemerkung

Viele unserer Mitmenschen gehen dem Nachdenken über den Tod aus dem Wege. Man verdrängt diese Frage. Man verschiebt sie immer wieder und stellt sich ihr nicht. Und doch: Der Tod bringt sich fast alltäglich und unerbittlich in Erinnerung – in den Berichten der Medien über Verkehrsunfälle und Naturkatastrophen, in den Todesanzeigen der Zeitungen, in den Trauerbriefen auf unseren Schreibtischen.

Nicht wenige Menschen befinden sich in einer recht zwiespältigen Situation: Einerseits verdrängen sie die Erinnerung an den Tod, anderseits greifen sie immer häufiger zu Literatur, in der über den Tod, über vorgeburtliches Leben, über das Leben nach dem Tod, über Interviews mit Sterbenden bzw. klinisch Toten, über Reinkarnation berichtet wird.

Das Thema Tod ist sicherlich auch angesichts der verlängerten Lebenserwartung zu einem wichtigen Thema geworden, das Mediziner, Gerontologen, Psychologen und Theologen – insbesondere auch im Rahmen der Euthanasiefrage und aktiver oder passiver Sterbehilfe – intensiv beschäftigt und zum Erfahrungsaustausch zusammenführt. Max Frisch (1911–1990) hat es klipp und klar ausgesprochen, wohin die Verdrängung der Todeserinnerung führt: „Nicht im Tod, sondern in der Flucht vor dem Tod – durch medizinisch-technologische Lebensverlängerung – kommen wir uns selbst abhanden." Jörg Zink weist auf das ganzheitliche Verständnis des Menschen hin und zieht daraus die Konsequenz: „Sterben ist ein Stück unseres Lebens. Um dieses Stück Leben soll man niemand betrügen."

Der christliche Glaube schaut hin zum Tod Jesu am Kreuz. Vom Blick zum Kreuz findet er den Weg zum eigenen Tod und zur rechten Vorbereitung und Einübung auf das eigene Sterben. Ohne sein Leben zu verdüstern und ohne seine Entscheidungen zu lähmen, denkt der Christ mitten im erfolgreichen und gesunden Leben an sein Lebensende, an die Stunde seines Todes. Christlicher Glaube bittet den Herrn über Leben und Tod, vor einem jähen und unvorbereiteten Ende zu bewahren. Er regt an, bereits in gesunden Tagen um eine gute Sterbestunde zu beten.

Niemand kennt das Morgen. Niemand weiß, ob ihm nach einem Urlaub eine sichere Heimkehr, eine sichere Rückkehr nach einem Arbeitstag geschenkt wird. Es würde eine lähmende und bleierne Resignation über unser ganzes Leben kommen, würde uns die Erinnerung an den Tod ständig gegenwärtig sein. Leben wir vielmehr jeden Tag so gut und so fröhlich, daß er vor uns, vor unseren Mitmenschen, letztlich im Urteil Gottes, unser letzter und zugleich unser bester Tag sein kann! Lassen wir uns inspirieren von jenem Motto, das Wolfgang Borchert (1921–1947) jedem von uns ins Tagebuch geschrieben hat:

„Was morgen ist,
auch wenn es Sorge ist,
ich sage: Ja!"

Gesamtüberblick über die fünf Gesätzchen des Rosenkranzes um eine gute Sterbestunde:

> „Der uns ein gutes Altwerden schenkt"
> „Der uns die Angst vor dem Sterben nimmt"
> „Der uns vor einem plötzlichen und unvorbereiteten Tod verschone".
> „Der uns durch sein Wort und Sakrament auf ein gutes Sterben vorbereitet"
> „Der uns mit seinen Engeln und Heiligen in die himmlische Herrlichkeit geleitet"

Nach der Einleitung (Apostolisches Glaubensbekenntnis, Ehre sei, Vaterunser, drei Ave Maria mit den Gesätzchen der drei göttlichen Tugenden Glaube, Hoffnung und Liebe, sowie dem abschließenden Ehre sei) folgt – nach einer kurzen Stille – zunächst die erste Strophe des Liedes „Wir sind nur Gast auf Erden". Anschließend wird die Gesamteinstimmung vom Vorbeter (Priester, Diakon, Laie) gesprochen. Die Einstimmung zu den einzelnen Gesätzchen wird jeweils nach dem eröffnenden Vaterunser und vor dem ersten Ave Maria gesprochen.

Lied: Wir sind nur Gast auf Erden, 1. Strophe
(Gotteslob Nr. 656)

1. Wir sind nur Gast auf Erden
   und wandern ohne Ruh

mit mancherlei Beschwerden
der ewigen Heimat zu.

Text: Georg Thurmair 1935
Melodie: Adolf Lohmann 1935

Gesamteinstimmung

Im Rosenkranzgebet hat das Anliegen um eine gute Sterbestunde einen besonderen, ausdrücklich auch formulierten Stellenwert: „Heilige Maria, Mutter Gottes, bitte für uns Sünder, jetzt und in der Stunde unseres Todes."

Maria hat in ihrem Leben den Tod erlebt – den Tod Josefs, den Kreuzestod ihres Sohnes auf Golgota. Sicherlich blieb ihr noch lange der Schrei der Gottverlassenheit in Erinnerung, den ihr gekreuzigter Sohn ausgestoßen hat: „Mein Gott, mein Gott, warum hast du mich verlassen?" (Markus 15,34; Matthäus 27,46 = Psalm 22,2)

Für das Bewältigen der Grenz- und Endsituationen des Lebens, die man bei Mißlingen nicht mehr wiederholen und verbessern kann, soll der Mensch sich vorbereiten. Er muß vor allem das innere Testament seiner Seele, seines Gewissens, in Ordnung gebracht haben. Eine gute Sterbestunde ist letztlich Gnade über Gnade, um die wir Maria als unsere Mitbeterin und Fürsprecherin anflehen.

Die französische Karmelitin Theresia von Lisieux (1873–1897) muß eine tiefe Ahnung von den Ereignissen des Sterbens gehabt haben, als sie schrieb: „Betet für die Sterbenden! Wenn ihr wüßtet, was da vor sich geht." Der deutsche Dichter Rainer Maria Rilke (1875–1926) hat in seinem „Stunden-Buch" von der Gnade des guten, wohl vorbereiteten Sterbens, des eigenen Todes, geschrieben:

> „O Herr, gib jedem seinen eigenen Tod,
> das Sterben, das aus jenem Leben geht,
> darin er Liebe hatte, Sinn und Not."

Heute laßt uns bereits um einen guten Tod beten, wann immer der Herr uns ruft!

(kurze Pause)

Einstimmung zum ersten Gesätzchen

„Der uns ein gutes Altwerden schenkt"

Altwerden ist ein Geschenk, das einer Rose mit nicht wenigen Dornen gleicht. So mancher alte Mensch verliert seine körperliche und geistige Leistungskraft. Sein Gedächtnis wird brüchig. Er muß lernen, mit kleinen und größeren gesundheitlichen Schwierigkeiten zu leben.

Romano Guardini (1885–1968) hat über das Sich-selbst-Annehmen geschrieben: „In der richtigen Weise wird nur der alt, der das Altwerden innerlich annimmt ... Sehr häufig nimmt der Mensch es nicht an, sondern erleidet es bloß."

Menschen können im Alter erschütternd verhärten und versteinern. Manche Mitmenschen können daran schuld sein, wenn sie hart, lieblos, ungerecht mit alten Menschen umgehen. Der alte Mensch braucht Verständnis, Liebe, Umsorgtsein. Er will noch erleben und verspüren, daß man ihn nicht vergessen, nicht „zum alten Eisen geworfen" hat, daß man seinen Rat schätzt – daß man ihn gerne hat, daß man achtet, was er in jungen und gesunden Tagen getan und aufgebaut hat.

Gut Altwerden ist eine wichtige Einübung in das Sterben. Bereits der alttestamentliche Psalmist betete:

„Herr, ich suche Zuflucht bei dir.
Laß mich doch niemals scheitern!
...
Wenn ich alt bin,
verlaß mich nicht, wenn meine Kräfte schwinden."
(Psalm 71,1.9)

(kurze Pause)

Einstimmung zum zweiten Gesätzchen

> „Der uns die Angst vor dem Sterben nimmt"

Der Gedanke an das Sterben verbindet sich sehr häufig mit einem Angstgefühl. Dieses resultiert nicht nur aus der Ungewißheit des Tages und der Stunde, wie auch der Umstände unseres Todes. Jedem stellt sich früher oder später auch die offene Frage: Was passiert im Sterben mit mir?

Weil niemand sein Sterben schon erlebt und vollzogen hat, ist es für jeden Menschen ein einzigartiges und einmaliges Geschehen, das nicht wiederholt werden kann. Gerade die Nicht-Wiederholbarkeit verschärft die Situation des Sterbens. Wer jedoch mit Gott in Einklang steht, braucht keine Angt zu haben. Franziskus von Assisi (1181–1226) hat in der Fröhlichkeit seines Herzens den Tod als „unseren Bruder" begrüßt.

Leidend und sterbend dürfen wir uns in die gütigen Hände Jesu Christi fallen lassen, der uns von allen Skrupeln und Ängsten befreit. Matthias Claudius (1740–1815) hat von der tröstlichen Nähe Christi im Sterben gesagt: „… wir brauchen jemand, der uns hebe und halte, weil wir leben, und uns die Hand unter den Kopf lege, wenn wir sterben sollten; und das kann er überschwänglich, nach dem, was von ihm geschrieben steht, und wir wissen keinen, von dem wir's lieber hätten."

(kurze Pause)

Einstimmung zum dritten Gesätzchen

> „Der uns vor einem plötzlichen und
> unvorbereiteten Tod verschone"

Die Angst vor einem plötzlichen Tod ist mit der Sorge verbunden, nicht alles in Ordnung gebracht zu haben und seine Verwandten und Bekannten in unerwarteten Schmerz zu versetzen. Irdische Anliegen soll man gewiß rechtzeitig in einem Testament in Ordnung bringen. Wichtiger ist es, mit Gott ins Reine gekommen zu sein. Zu jeder Stunde bereit sein, das ist alles!

Trösten wir uns mit dem Gedanken: Entscheidend ist beim Hintreten vor seinen Schöpfer und Richter, wie das ganze Leben verlief. Im Augenblick des Sterbens geht das ganze Leben eines Menschen, sein eigentliches Wollen, sein Glaube, sein Versagen und seine Reue, die Grundlinie seiner Sehnsucht und seiner Gottesbeziehung in Gottes Allwissenheit ein. Die religiöse Gewichtung und Grundentscheidung, die sich in vielfältigen Brechungen wie ein „roter Faden" durch eine Lebensgeschichte verfolgen läßt, steht als Einheit im Urteil Gottes – nicht ein einziges Ereignis, nicht ein einzelnes Versagen.

Nicht auf Verdienste pochend, sondern hinweisend auf seine religiöse Armseligkeit und seine immerwährende Bereitschaft, es doch recht machen zu wollen, streckt der Mensch seinem Erlöser und Richter die Arme entgegen.

Wir vertrauen und beten gerade bei diesem Rosenkranz um eine gute Sterbestunde, daß uns beim Hinüberschreiten in die Ewigkeit der Herr zuruft:

„Kommet alle zu mir,
die ihr mühselig und beladen seid,
ich will euch erquicken ...
und ihr werdet Ruhe finden für eure Seelen."
(Matthäus 11,28–29)

(kurze Pause)

Einstimmung zum vierten Gesätzchen

> **„Der uns durch sein Wort und Sakrament**
> **auf ein gutes Sterben vorbereitet"**

Auf wen können wir uns in jungen wie in alten, in gesunden wie in kranken Tagen verlassen? Es gibt sicherlich viele gute Menschen, die uns mit Rat und Tat zur Seite stehen: „Nehmt einander an, wie auch Christus uns angenommen hat" (Römer 15,7).

Es gibt Abschnitte unseres Lebens, die allzu reich mit Menschen besetzt sind. Auf der vorletzten und letzten Strecke unseres Lebens fehlt so mancher, der von uns nur etwas haben oder erreichen wollte.

Einen gibt es, auf den wir uns stets voll und ganz verlassen können! Es ist jener, in dem „die Güte und Menschenfreundlichkeit Gottes erschienen ist" (Titus 3,4) – unser Heiland und Erlöser. Auf ihn sollen wir hören lernen und uns Zeit nehmen für sein tröstendes Wort. Er will uns stärken mit der Gnade seiner Sakramente, mit der verzeihenden Gnade der Beichte, mit der vereinigenden Gnade der öfteren Kommunion, mit der stärkenden Gnade der Krankensalbung.

Um für die letzte und entscheidende Begegnung mit Jesus Christus bereit zu sein, muß man überflüssigen Ballast ablegen. Man muß lernen, Abschied zu nehmen von vielen lieben Menschen, von vielen Dingen dieser Welt, die uns lieb und teuer sind. Dem endgültigen Abschiednehmen sollten viele Stationen und Einübungen des freiwilligen Abschiednehmens vorausgehen. Man kann nicht früh genug mit diesem Abschiednehmen beginnen, um gleichzeitig ein fröhlicher, weltaufgeschlossener Mensch zu bleiben!

(kurze Pause)

Einstimmung zum fünften Gesätzchen

> **„Der uns mit seinen Engeln und Heiligen in die himmlische Herrlichkeit geleitet"**

Was im Augenblick des Todes mit uns geschieht, ist ein Geheimnis. Jesus Christus hat uns jedoch für die Ereignisse dieser Grenzsituation einige überaus aufschlußreiche und tröstliche Hinweise gegeben. Er hat vom Weiterleben nach dem Tod gesprochen: „Wer an mich glaubt, wird leben, auch wenn er stirbt, und jeder, der an mich glaubt, wird in Ewigkeit nicht sterben" (Johannes 11,25–26). Jesus Christus hat außerdem vom Wiedersehen gesprochen: „Noch eine kleine Weile, und ihr seht mich nicht mehr ... Aber ich werde euch wiedersehen, und euer Herz wird sich freuen, und eure Freude wird euch niemand nehmen" (Johannes 16,19.22).

Dieses irdische Leben ist nur ein Vorspiel, eine Ouvertüre, in der Grundmotive des Jenseits bereits eingeübt werden und zum Erklingen kommen.

(kurze Pause)

Lied zum Abschluß: Wir sind nur Gast auf Erden, 2. bis 5. Strophe (Gotteslob Nr. 656)

2. Die Wege sind verlassen,
   und oft sind wir allein.
   In diesen grauen Gassen
   will niemand bei uns sein.
3. Nur einer gibt Geleite,
   das ist der Herre Christ;
   er wandert treu zur Seite,
   wenn alles uns vergißt.

4. Gar manche Wege führen
   aus dieser Welt hinaus.
   O daß wir nicht verlieren
   den Weg zum Vaterhaus.
5. Und sind wir einmal müde,
   dann stell ein Licht uns aus,
   o Gott, in deiner Güte;
   dann finden wir nach Haus.

17.
Rosenkranz für die (einen) Verstorbenen

Vorbemerkung

Durch den Tod engster Verwandter und Bekannter, von Berufskollegen, von Menschen aus den unterschiedlichsten Bereichen unseres Lebensumfeldes, werden wir immer wieder an den Tod erinnert.

Man sollte sich Zeit nehmen, Todesanzeigen in der Tagespresse zu lesen. Sie sind bald in monotoner Gleichheit abgefaßt, bald sehr persönlich und wohl überlegt formuliert, bald lassen sie den weltanschaulichen Hintergrund des Verstorbenen oder seiner Hinterbliebenen aufscheinen. Blumengebinde und Kränze werden an frischen Gräbern niedergelegt – Zeichen der dankbaren Verbundenheit. Sie können aber auch Zeichen einer stillen Scham und Reue sein, weil man mit Blumen gutmachen möchte, was man früher und rechtzeitig hätte tun sollen.

Man sollte sich durchaus der kaum bedachten Frage stellen: Warum weinen wir beim Tod eines lieben Menschen? Ist das Weinen momentane Hilflosigkeit, Lösung eines inneren, spannungsgeladenen Schmerzes oder auch Schrei der Einsamkeit und Ratlosigkeit? Ist für den Hinterbliebenen der Sinn seines Lebens zerbrochen? Wie soll es weitergehen? Wie werde ich mit meiner Einsamkeit und mit vielen anderen Fragen fertig?

Das Gebet für Verstorbene wurzelt im christlichen Glauben an die große Gemeinschaft des Helfens und des Tröstens, die Diesseits und Jenseits umspannt und die durch den Tod nicht zerrissen wird. Es wirft immer auch die Frage für die Lebenden und Hinterbliebenen auf: Wann und wo und wie wird der Tod nach mir greifen?

Jeder Teilnehmer an Beerdigungen horcht auf – auch wenn er sich nichts anmerken läßt – und wird nachdenklich, wenn der Priester oder Diakon die Fürbitte spricht:

> *"Wir beten für uns selber und alle Lebenden,*
> *besonders für den aus unserer Mitte,*
> *der als Erster dem Verstorbenen*
> *vor das Angesicht Gottes folgen wird."*

Karl Barth (1886–1968) hat ausgesprochen, was vielen Menschen bei Beerdigungen durch den Kopf geht: „Es wird einmal eine Gesellschaft von Menschen auf einen Friedhof hinausziehen und einen Sarg versenken, und alle werden heimgehen, aber einer wird nicht zurückkommen – und der werde ich sein."

Gesamtüberblick über die fünf Gesätzchen des Rosenkranzes für die (einen) Vestorbenen:

> „Der unseren (unserem, unserer) Verstorbenen ein gnädiger Richter sein wird"
> „Der den (dem, der) Verstorbenen ihre (seine, ihre) Liebe und Sorge für uns vergelten wird"
> „Der die Gebete und heiligen Messen für unsere Verstorbenen erhört"

> „Der den (dem, der) Verstorbenen nach den Leiden dieser Welt den ewigen Frieden schenken wird"
> „Der uns mit der Verheißung des Wiedersehens mit unseren Verstorbenen getröstet hat"

Nach der Einleitung (Apostolisches Glaubensbekenntnis, Ehre sei, Vaterunser, drei Ave Maria mit den Gesätzchen der drei göttlichen Tugenden Glaube, Hoffnung und Liebe, sowie dem abschließenden Ehre sei) folgt – nach einer kurzen Stille – die Gesamteinstimmung, gesprochen vom Vorbeter (Priester, Diakon, Laie). Die Einstimmung zu den einzelnen Gesätzchen wird jeweils nach dem eröffnenden Vaterunser und vor dem ersten Ave Maria gesprochen.

Als Besonderheit des Rosenkranzes für die (einen) Verstorbenen ist zu beachten: Nach dem abschließenden Ehre sei, gesprochen nach den zehn Ave Maria mit dem gleichlautenden Gesätzchen, wird angefügt:

> „Herr, gib ihnen (ihm, ihr) die ewige Ruhe
> und das ewige Licht leuchte ihnen (ihm, ihr).
> Herr, laß sie (ihn, sie) ruhen in Frieden. Amen."

Gesamteinstimmung

Je länger wir leben, umso häufiger und deutlicher erfahren wir die Grenze des Lebens: im Sterben einer immer größer werdenden Zahl von Menschen aus dem Kreis unserer Verwandten und Bekannten. Viele Dinge werden in dem Augenblick bedeutungslos, wenn ein lieber Mensch stirbt. Vor allem dann bleiben gleichsam die Uhren unserer Lebensgeschichte stehen, wenn wir selbst das Sterben miterlebt, miterlitten haben.

Das Geheimnis des Todes besteht für uns Menschen auch darin, daß der Sterbende seinen Hinterbliebenen – ungewollt und meist zum ersten Mal – tiefen Schmerz bereitet. Als Menschen, vor allem als Christen, sollten wir einen besonders dringlichen Vorsatz fassen: Niemand sollte vereinsamt sterben. Bleiben wir bei Sterbenden, die oft durch die wärmende und pulsierende Hand, die wir ihnen reichen, unsere Nähe spüren und tröstlich erfahren, nicht allein gelassen zu sein.

Gewiß kann niemand einem anderen das Sterben abnehmen. Wir können aber durch unsere Nähe das Sterben anderen erleichtern, so daß sie im Sterben „das Zeitliche segnen", indem sie ihre Schmerzen und Todesängste zum Heil und Segen für ihre Hinterbliebenen aufopfern. Von diesem Segnen sprach der Jesuitenpater Alfred Delp – der um sein sicheres Todesurteil bereits wußte, das am 2. Februar 1945 in Berlin-Plötzensee vollstreckt wurde –, als er mit gefesselten Händen seine letzten Aufzeichnungen schrieb: „... mit meinen gefesselten Händen will ich tun, immer lieber und mehr, solange ich noch atmen darf: segnen. Segnen Land und Volk, segnen dieses liebe deutsche Reich in seiner Not und inneren Qual; segnen die Kirche, daß die Quellen in ihr wieder reiner und heller fließen." Nie sollten wir die Formulierung „das Zeitliche segnen" für „Sterben" in unserer deutschen Sprache vergessen!

Unsere Verstorbenen betten wir in den Friedhöfen, die wir auch „Gottesacker" nennen, zur letzten Ruhe. Sie bleiben aber in unseren Herzen und Gebeten lebendig und gegenwärtig. Die oft in Todesanzeigen zu lesenden Worte „Wir werden ihn nicht vergessen", lösen wir in unseren Gebeten und Eucharistiefeiern für die Verstorbenen ein. Auch dieser Rosenkranz für eine(n) Verstorbene(n) will ein Zeichen unserer ungebrochenen und dankbaren Verbundenheit mit jenen sein, die uns ins Jenseits vorausgegangen sind.

(kurze Pause)

Einstimmung zum ersten Gesätzchen

Der unseren (unserem, unserer) Verstorbenen ein gnädiger Richter sein wird"

In Bildern und Gleichnissen hat der menschgewordene Sohn Gottes, Jesus Christus, von dem Ereignis auf der

Schwelle von der Zeit in die Ewigkeit gesprochen: der Mensch im Gericht Gottes, im Angesicht der Liebe Christi. Der aus dieser Welt Abgerufene erfährt, eingetaucht in die Allwissenheit Gottes, ob sein Leben gelungen ist und vor Gott bestehen kann. Es gibt kein langes Aufrechnen und Abwägen. Im ewigen und endgültigen Heute Gottes steht der Mensch mit seiner gesamten Lebensgeschichte, deren glückbringenden oder auch verhängnisvollen Ausstrahlungen und Konsequenzen.

Das menschlich-irdische Leben ist alles andere als ein „Glasperlenspiel" (Hermann Hesse), das im Jenseits bedeutungslos ist. Im Gericht Gottes geht es um die Frage nach der Liebe eines Menschen (Matthäus 25,31–46), die sich gerade darin zeigt und bewährt, daß Gott nicht am Mitmenschen vorbei gesucht, geliebt und umsorgt werden kann.

Das Wissen um das Gericht bringt Ernst und Dynamik in unsere geschichtliche Verantwortung. Beten wir für unsere Verstorbenen, daß ihnen Gott ein gnädiger Richter sei. Verbinden wir damit aber auch den Entschluß, die Zeit unseres Lebens, die uns noch geschenkt wird, so gut zu leben, daß wir – wann auch immer – ohne Furcht und Angst vor unseren Richter treten können.

(kurze Pause)

„Herr, gib ihnen (ihm, ihr) ..."

Rosenkranz für die (einen) Verstorbenen

Einstimmung zum zweiten Gesätzchen

> „Der den (dem, der) Verstorbenen ihre (seine, ihre) Liebe und Sorge für uns vergelten wird"

Oft erkennen wir erst, wenn wir einen Menschen verloren haben, was er für uns bedeutet hat, wieviel wir ihm zu danken und zu verdanken haben. Was jedoch ein Mensch im Stillen getan, gebetet, geopfert und gelitten hat, weiß Gott allein.

Möge Jesus Christus, der gnädige Richter, unseren Verstorbenen zurufen: „Kommt, ihr Gesegneten meines Vaters! Nehmt in Besitz das Reich, das seit der Weltschöpfung für euch bereitet ist" (Matthäus 25,34). Der Apostel Paulus schrieb in seinem Römerbrief die tröstlichen Worte: „Gott erweist seine Liebe zu uns dadurch, daß Christus für uns gestorben ist, da wir noch Sünder waren. Um so viel mehr werden wir jetzt, da wir durch sein Blut gerechtfertigt sind, durch ihn vor dem Zorngericht bewahrt bleiben" (Römer 5,8–9).

Dem Gott, der die geheimsten Gedanken jedes Menschen kennt, dürfen wir vertrauen, daß er unsere Versagen ebenso kennt wie unseren guten Willen und unsere Bereitschaft zur Umkehr und zum Neubeginn. Weil wir selbst so viel Liebe und Sorge von jenen empfangen haben, die in die Ewigkeit abgerufen wurden, hoffen und beten wir, daß der Gott der Güte und Menschenfreundlichkeit (Titus 3,4) unseren Verstorbenen diese Liebe und Sorge tausendfach vergelten möge.

(kurze Pause)

„Herr, gib ihnen (ihm, ihr) ..."

Einstimmung zum dritten Gesätzchen

> **„Der die Gebete und heiligen Messen für unsere Verstorbenen erhört"**

Im alttestamentlichen Buch der Weisheit lesen wir: „Die Seelen der Gerechten sind in Gottes Hand" (Buch der Weisheit 3,1). Der christliche Glaube ermutigt uns, für die Verstorbenen zu beten und die erlösende Gnade der heiligen Messe für sie zu erflehen. Wir vertrauen auf Gottes gütige und gerechte Entscheidung, denjenigen Menschen Gnade und Hilfe zu gewähren, die der Läuterung noch bedürfen. Es gibt eine geistliche Solidarität mit jenen, die im Jenseits unserer Liebe, unserer Gebete noch bedürfen.

Wir bitten für die Verstorbenen um jene Gnade, das Unzulängliche bis in die letzte Tiefe aufzuarbeiten und Licht werden zu lassen. Romano Guardini (1885–1968) hat von diesem jenseitigen Läuterungsprozeß gesagt:

„Das nicht bestandene Leiden muß nachbestanden, die nicht erkannte Wahrheit muß nacherkannt, die nicht vollbrachte Liebe muß nachvollbracht werden." Wer dem heiligen Gott begegnet, erfährt mit Wehmut und Schmerz, wieviel Unheiliges in ihm ist. „Nacht gibt es dort (im himmlischen Jerusalem) nicht ... Nichts Unreines darf eintreten ..., sondern nur jene, die im Lebensbuch des Lammes geschrieben stehen" (Offenbarung 21, 25–27).

Unsere Gebete für Verstorbene leben von dem tiefen Vertrauen, daß Gottes Hände gute Hände sind und Gnade über Gnade denen schenken, die unserer Gebete bedürfen. Gott ist reinigendes und gnädiges Gericht, das den Weg in die endgültige und bleibende Freundschaft weist. Beten wir heute auch für jene, die einst für unsere ewige Ruhe und Freude in Gott beten werden.

(kurze Pause)

„Herr, gib ihnen (ihm, ihr) ..."

Einstimmung zum vierten Gesätzchen

> **„Der den (dem/der) Verstorbenen nach den Leiden dieser Welt den ewigen Frieden schenken wird"**

In immer neuen Hoffnungsbildern hat Jesus Christus vom Jenseits und von jenem Reich gesprochen, in dem Friede, Freude und Glück nie enden werden. Wir alle kennen Menschen, die hier auf Erden von Leid und bitteren Erfahrungen überschüttet waren und die auf der letzten Etappe ihres Lebens einen schmerzlichen Kreuzweg zu gehen hatten. Es gibt unbegreifliche und jahrelange Heimsuchungen, die von Menschen ertragen werden müssen.

Immer wieder ist es erstaunlich, mit welchem Gottvertrauen schwere und schwerste Kreuze von Kranken und Sterbenden oftmals getragen werden. Diese bekennen mit dem alttestamentlichen Dulder Ijob: „Ich weiß: mein Erlöser lebt. ... ohne meine Haut, die so zerfetzte, und ohne mein Fleisch werde ich Gott schauen. Ihn selber werde ich dann für mich schauen; meine Augen werden ihn sehen, nicht mehr fremd" (Ijob 19,25–27).

In seinen Abschiedsreden hat Jesus Christus uns allen die Trostworte zugesprochen: „Ihr werdet traurig sein, aber eure Trauer wird sich in Freude verwandeln ... Ich werde euch wiedersehen, und euer Herz wird sich freuen und eure Freude wird euch niemand nehmen" (Johannes 16,20.22).

Dann erfüllt sich, was in der Geheimen Offenbarung verheißen ist: „Er (Gott) wird jede Träne von ihren Augen wischen. Es wird kein Tod, keine Trauer, keine Klage und kein Schmerz mehr sein. Denn was einst war, ist vergangen ... Siehe, ich mache alles neu" (Offenbarung 21,4–5).

(kurze Pause)

„Herr, gib ihnen (ihm, ihr) ..."

Einstimmung zum fünften Gesätzchen

> **„Der uns mit der Verheißung des Wiedersehens mit unseren Verstorbenen getröstet hat"**

Zu den wichtigsten Aussagen der Heiligen Schrift über das Jenseits gehört die Glaubenswahrheit: Der Tote versinkt nicht im namenlosen Nichts. Das Ich des Menschen verflüchtigt sich nicht in einem unpersönlichen Es.

Der liebende Gott hat zu jedem Menschen Ja und Amen gesagt und ihm damit eine unantastbare Ehre und Würde verliehen. Dieses Jawort Gottes bleibt in Zeit und Ewigkeit. „Dem Menschen ist es bestimmt, ein einziges Mal zu sterben, worauf dann das Gericht folgt" (Hebräer 9,27; vgl. 1 Thessalonicher 4,13–14). Der Mensch wird wohl verwandelt; er wird anders, aber er wird kein anderer. „Gesät wird in Verweslichkeit, auferweckt in Unverweslichkeit ... Gesät wird ein irdischer Leib, auferweckt ein geistiger Leib" (1 Korinther

Formen des Rosenkranzgebetes

15,42–44). Jeder Mensch ist einmalig, einzigartig und unwiederholbar, durch keinen anderen ersetzbar.

„Ich vergesse dich nicht. Sieh her: Ich habe dich eingezeichnet in meine Hände", wie wir beim Propheten Jesaja (Jesaja 49,15–16) lesen. Trauer ist nicht das letzte Wort des Christen. Es gibt ein Weiterleben nach dem Tod. Es gibt eine Auferstehung. Es gibt ein Wiedersehen mit unseren Verstorbenen in der Herrlichkeit Jesu Christi, des „Erstlings der Entschlafenen" (1 Korinther 15,20). Auf dieses Wiedersehen dürfen wir uns freuen, denn es ist nicht in Tröstungen und Spekulationen von Menschen begründet, sondern im Wort Jesu Christi, der Fülle aller Wahrheit. „Ob wir leben oder ob wir sterben, wir gehören dem Herrn" (Römer 14,8).

(kurze Pause)

„Herr, gib ihnen (ihm, ihr) ..."

Lied zum Abschluß: Den Menschen, die aus dieser Zeit (Gotteslob Nr. 661)

1. Den Menschen, die aus dieser Zeit
   im Glauben sind geschieden,
   gib in der frohen Ewigkeit,
   Herr unser Gott, den Frieden.
   Laß doch dein freundlich strahlend Licht
   die Finsternis zerstreuen,
   daß sie vor deinem Angesicht
   sich deiner ewig freuen.

2. O Gott, du Quell der Gütigkeit,
   erhöre unser Beten;
   beende ihrer Buße Zeit
   und laß sie vor dich treten.
   Barmherzigkeit in ihrem Leid
   wollst ihnen, Herr, erweisen,
   damit sie in der Seligkeit
   all deine Liebe preisen.

Text: nach Melchior Ludolf Herold 1808
Melodie: München 1637

18.
Rosenkranz über die Letzten Dinge

Vorbemerkung

Wir sprechen in der wissenschaftlichen Theologie wie auch in den vielfältigen Formen der Verkündigung von den „Letzten Dingen", wenn wir uns Gedanken machen über jene Ereignisse und Wirklichkeiten, die nach dem Tod auf die Verstorbenen, früher oder später auf uns selbst, zukommen. Das Wort von den „Letzten Dingen" ist leider eine recht sachlich-materielle und nicht gerade gute Formulierung. Denn im Grunde handelt es sich dabei um personale Begegnungen mit Christus, mit dem dreifaltigen Gott, mit den Engeln und Heiligen, auch um das Wiedersehen mit unseren verstorbenen Verwandten und Bekannten, um unser endgültiges Hineingenommenwerden in die Gemeinschaft des erlösten Gottesvolkes.

Der Bischof von Rottenburg-Stuttgart, Walter Kasper, hat für den Gesamtbereich der „Letzten Dinge" eine überaus erhellende Hinführung und Deutung gegeben, die dankbar und befreiend aufgenommen werden sollte. Er schreibt:

> *„Es gibt im Grunde nur ein ‚Letztes Ding' – Gott selber.*
> *Gott als Gewonnener ist Himmel,*
> *Gott als Verlorener und damit das Menschsein*
> *als ein verlorenes und verfehltes ist Hölle, und*
> *Gott als reinigendes und richtendes Feuer der Liebe*
> *ist im Grunde das, was man mit Fegfeuer meint."*

Formen des Rosenkranzgebetes

In vielen Bildern und Gleichnissen hat Jesus Christus versucht, das Geheimnis des Jenseits den Menschen mit den unzulänglichen Worten des Diesseits zu erschließen. Er wollte vor allem die Richtung des gläubigen Denkens und seiner Zukunftsbilder markieren, ohne die letzten Hintergründe auszuleuchten. Im Anschluß an die Botschaft Jesu dürfen wir es wagen, von den „Wirklichkeiten" des Jenseits zu reden – wobei wir uns durchaus für jene Einsichten öffnen sollten, die zu diesem Thema in den Weltreligionen oder auch in den Veröffentlichungen großer Denker und Mystiker sich finden.

Stets möge uns aber bewußt sein: unsere Bilder und Begriffe vom Jenseits verdecken und verhüllen mehr als sie uns eröffnen. Bunte Kulissen und dramaturgische Effekte werden bisweilen als interessanter angesehen als das eigentlich Wesentliche. Wer meint und behauptet, alles zu wissen, oder gar vorgibt, auf Privat- und Sonderoffenbarungen sich stützen zu können, hat meist nichts begriffen. Allzu leichtfertig werden persönliche Vorstellungen und Hoffnungen als Botschaft Gottes ausgegeben.

Aufrichtiger und verantwortungsbewußter Theologie und Verkündigung des „Letzten" ist das Stottern und Stammeln angemessen. Nicht wenige Mystiker haben das Schweigen vorgezogen. Was Jesus Christus über das „Letzte" offenbart hat, genügt für unser gläubiges Leben und für ein gutes Gelingen der irdisch-geschichtlichen Grenzsituation. Das Thema der „Letzten Dinge" soll uns ermutigen, im Bereich der noch offenen, „vorletzten Dinge" mit Hilfe der Gnade Gottes alles zu tun und vorzubereiten, damit im einmaligen und nicht wiederholbaren Moment des Todes sich für uns die Tore der himmlischen Herrlichkeit öffnen.

Gesamtüberblick über die fünf Gesätzchen des Rosenkranzes über die Letzten Dinge:

> „Der uns im Tod das Tor der Ewigkeit öffnet"
> „Den wir als gnädigen Richter erhoffen"
> „Der in der Läuterung seiner Liebe Schuld und Versagen vergeben kann"
> „Der alle Menschen guten Willens vor dem ewigen Unheil bewahrt"
> „Der uns mit ewiger Liebe und Glückseligkeit beschenken will"

Nach der Einleitung (Apostolisches Glaubensbekenntnis, Ehre sei, Vaterunser, drei Ave Maria mit den Gesätzchen der drei göttlichen Tugenden Glaube, Hoffnung und Liebe, sowie dem abschließenden Ehre sei) folgt – nach einer kurzen Stille – die Gesamteinstimmung, gesprochen vom Vorbeter (Priester, Diakon, Laie). Die Einstimmung zu den einzelnen Gesätzchen wird jeweils nach dem eröffnenden Vaterunser und vor dem ersten Ave Maria gesprochen.

Gesamteinstimmung

Die Ereignisse, die wir in diesem Rosenkranz über die Letzten Dingen meditieren, stehen jedem von uns noch bevor. Über zwei Grundfragen müssen sich die Menschen Klarheit verschaffen: Woher kommen wir? Wohin gehen wir?

Im Ursprung des Menschen ist das Ziel des Menschen mitgegeben. Die Herrlichkeit der „Letzten Dinge" gibt es nicht ohne die Verantwortung für die „vorletzten Dinge" unseres Lebens, unseres Berufes. Die „Letzten Dinge" werden uns nur dann gelingen, nur dann uns beglücken, wenn wir uns mit Gottes Gnade und Tröstung um ein gutes Gelingen der im Leben vor uns liegenden Aufgabe ernsthaft bemüht haben.

Anhand der Botschaft Jesu Christi sollten wir die Ereignisse und Wirklichkeiten nach dem Sterben, die in der Spannweite zwischen Gericht und Himmel liegen, bedenken. Die Worte Jesu können und sollen eine Korrektur auslösen, wenn unsere Jenseitsvorstellungen kitschige Farben und lächerlich-unglaubwürdige Formen angenommen haben, und wenn diese Bilder für die jenseitige Wirklichkeit gehalten werden.

Der Abschied vom „Jenseitskitsch" kann heilsam sein und zur Reinigung und Verbesserung unseres Glaubens an das Jenseits führen. Gewiß bedarf menschliches Denken und Glauben der Bilder und Gleichnisse. Diese Zukunfts- und Jenseitsbilder müssen jedoch durchsichtig sein und den Blick auf die Konturen des Jenseits offenhalten.

Dieser Rosenkranz über die Letzten Dinge möge uns allen die Gnade schenken, hellhörig und hellsichtig für die Wirklichkeit des Jenseits zu werden. Dann dürfen wir hoffen, beim Verlassen dieser Welt – wann immer es im Plane Gottes steht – mit frohem, gelöstem Glauben in das Gericht eines gerechten und liebenden Gottes einzutreten.

(kurze Pause)

Einstimmung zum ersten Gesätzchen

> **„Der uns im Tod das Tor der Ewigkeit öffnet"**

Der Mensch, jeder Mensch, ist sterblich. Aber jeder Mensch ist auch berufen zur Unsterblichkeit. Er ist Entwurf für absolute Zukunft.

Sterben ist das Ende irdischen Lebens. Aber der Tod ist nicht das letzte Wort. Gottes Schöpfer- und Erlöserliebe hat zu jedem Menschen Ja und Amen gesagt. Dieses Ja und Amen Gottes bleibt in Zeit und Ewigkeit. Das Ich, die Existenz des Menschen, verliert sich im Sterben nicht in ein antlitzloses Es. Es taucht nicht in ein unpersönliches Nichts ein. Es lebt auch nicht in einem Stein, nicht in einer Pflanze, nicht in einem Tier weiter. Die Würde des Menschen ist einmalig und einzigartig. Sie ist unantastbar (Grundgesetz Artikel 1, Absatz 1) in der Zeit, unantastbar in alle Ewigkeit.

Ein seltsames Leuchten, ein geheimnisvoller Glanz liegt über so vielen Totengesichtern. Das Gesicht des Toten ist das Tor zwischen Diesseits und Jenseits. Max Picard schreibt dazu: „Das Gesicht des Toten hat nichts mehr von der Leere, dem Ausgeleertsein des Gesichtes des Sterbenden. Es ist ausgefüllt, ganz. Ein Neues ist durch den Tod hinzugekommen". In der Meistererzählung „Der Tod des Iwan Iljitsch" von Leo Tolstoi (1828–1910) findet sich die Passage: „Wie bei allen Toten war das Gesicht von Peter Ivanowitsch schöner und vor allem bedeutender geworden. Das Gesicht hatte den Ausdruck, als ob es sagen wollte: Alles, was geschehen mußte, ist geschehen, und es war recht so."

Ist diese Ruhe im Gesicht der Toten der Glanz der Zufriedenheit und des Glückes, dem sie beim Hinüberschreiten in die Ewigkeit in der Liebe und Güte Gottes begegnen durften?

(kurze Pause)

Einstimmung zum zweiten Gesätzchen

> **„Den wir als gnädigen Richter erhoffen"**

Das Leben des Menschen ist kein bedeutungsloses „Glasperlenspiel" (Hermann Hesse). Zwar wird nicht jedes Unrecht hier auf Erden entdeckt und gesühnt. Im Jenseits aber gibt es Gerechtigkeit für alle (2 Petrus 3,13).

Die Bildsprache vom Richter, vom Richterstuhl und Richtspruch, vom „Buch des Lebens", will uns für die

Glaubenseinsicht öffnen: Der Verstorbene tritt ein in das Geheimnis des allwissenden Gottes. Schlagartig und plötzlich erfährt er, ob sein Leben vor Gott besteht, ob Unzulängliches noch gesühnt werden muß, ob er sich hartnäckig gegen die Liebe Gottes, gegen die Sorge für Mitmenschen, gegen die Verantwortung für die Schöpfung versperrt hat.

Gericht ist kein langes Aufrechnen und Abwägen. Es ist die plötzliche, hier frohmachende, dort bestürzende Erkenntnis, was Gott von jedem Menschen hält – und Gott ist ein gerechter, unbestechlicher Richter, der beste Kenner unseres Herzens, unserer geheimsten Gedanken und unausgeführten Pläne und Sehnsüchte. Wir dürfen nicht verschweigen, daß die Botschaft vom Gericht Gottes auch von der Gefahr, von der Möglichkeit des ewigen Verderbens und Scheiterns spricht. Lasset uns füreinander beten, in Gott einen gnädigen Richter zu finden und vor ihm bestehen zu können.

Werner Bergengruen (1892–1967) hat in einem seiner Romane geäußert: „Ob Sie an Gott glauben oder nicht, das hat gar keine Wichtigkeit ... Wichtig ist allenfalls eine ganz andere Frage. Nämlich die, ob Gott an Sie glaubt." Können wir uns dieser Frage mit gutem Gewissen und frohen Herzens stellen? Tatsächlich kommt es darauf an, ob Gott an mich glaubt.

(kurze Pause)

Einstimmung zum dritten Gesätzchen

> „Der in der Läuterung seiner Liebe Schuld und
> Versagen vergeben kann"

Jeder Mensch lebt aus der Großherzigkeit Gottes. Gott trägt uns in seiner Liebe und Güte. Gott erträgt in seiner Langmut und Geduld unsere Rückfälle, unsere Extravaganzen, unsere oft und oft gebrochenen Vorsätze.

Mag auch die Grundrichtung auf Gott bei vielen Menschen, die guten Willens sind, stimmen, so wird doch im untrüglichen Licht des Gottesgerichtes so mancher Schatten, so manches Eigenwillige erkennbar. Im Angesicht der allwissenden Liebe Gottes erfüllen den Verstorbenen gleichzeitig Freude und Schmerz. Freude – weil Gott seine gütigen Hände einladend uns entgegenstreckt. Schmerz – weil wir beschämt erkennen, daß wir so manches besser, viel besser hätten machen können.

Die deutsche Sprache hat für diese jenseitige, spannungsgeladene Erfahrung das nicht sehr glückliche Wort „Fegfeuer" geprägt (vgl. 1 Korinther 3,10–15; Matthäus 18,32–35). Walter Kasper, Bischof von Rottenburg-Stuttgart, hat uns für die Deutung dieser Wirklichkeit eine gute Hilfe an die Hand gegeben, wenn er schreibt: „Die Begegnung mit Gott, die nach christlicher Überzeugung im Tod geschieht, bringt dem Menschen den Mangel an Liebe zum Bewußtsein. Angesichts der

Liebe Gottes leidet der Mensch am Mangel seiner eigenen Liebe. Dieses Ausleiden der Liebe ist letztlich mit dem gemeint, was wir mit Fegfeuer bezeichnen. Gott ist hier reinigendes und gnädiges Gericht für den Menschen."

Daß auch uns dieses reinigende und gnädige Gericht einst geschenkt werde, darum laßt uns miteinander und füreinander beten.

(kurze Pause)

Einstimmung zum vierten Gesätzchen

> **„Der alle Menschen guten Willens vor dem ewigen Unheil bewahrt"**

Man würde die Botschaft des menschgewordenen Gottessohnes, Jesus Christus, verfälschen, wollte man das warnende Wort von der ewigen Hölle verschweigen. Jesus Christus spricht in Bildern und Gleichnissen von der Möglichkeit des ewigen Unheils, des ewigen Scheiterns.

„Christus spricht von der Hölle, nicht um uns zu ängstigen, sondern um uns zu warnen und zu retten. Er liebt die Sünder und will sie zur Umkehr bringen, solange es noch Zeit ist" (Katholischer Katechismus der Bistümer Deutschlands. 1955, Nr.130). Wort und Wirklichkeit „Hölle" beunruhigen viele Menschen, auch wenn sie dies nicht offen eingestehen. Sie spüren die scheinbar widersprüchliche Spannung zwischen dem Gott der Liebe und des Verzeihens und dem Gott der Gerechtigkeit und der Strafe.

Von der Hölle kann man eigentlich nur in ernster Furcht und Hoffnung reden. Das Geheimnis der Hölle liegt nicht in der Härte und Unversöhnlichkeit Gottes. „Christus Jesus ist in die Welt gekommen, um die Sünder zu retten" (1 Timotheus 1,15).

Gott respektiert die Freiheit des Menschen und dessen Entscheidung, auch dann, wenn der Mensch in Verhärtung und Bosheit die Versöhnung Gottes ausschlägt. Überall dort aber, wo auch nur ein Fünkchen Reue und Veränderungsbereitschaft im Menschen vorhanden ist, ist die Türe für den eintretenden Gott der Barmherzigkeit geöffnet. Jörg Splett hat davon gesprochen, „daß die Tore der Hölle ... nicht von außen, sondern von innen versperrt sind. Verriegelt nicht von (einem beleidigt-rächenden) Gott, sondern gegen ihn, gegen die Erlösung der Selbstverhärtung durch seine Liebe."

Herr, bewahre unsere Verstorbenen und uns selbst vor dem ewigen Unheil!

(kurze Pause)

Einstimmung zum fünften Gesätzchen

> „Der uns mit ewiger Liebe und Glückseligkeit beschenken will"

Das Wort „Himmel" gehört zu den wichtigen Hoffnungsworten des christlichen Glaubens. Es ist gleichzeitig Bestandteil eines von vielen Menschen heute mit reichlicher Skepsis gebrauchten Wortschatzes.

Der Apostel Paulus hat zu umschreiben versucht, was uns im Himmel erwartet: „Was kein Auge gesehen und kein Ohr gehört hat, was keinem Menschen in den Sinn gekommen ist: Das Große, das Gott denen bereitet hat, die ihn lieben" (1 Korinther 2,9). An anderer Stelle schreibt er: „... damit Gott herrscht über alles in allem" (1 Korinther 15,28).

„Himmel" ist Überraschung, Verwandlung, Danksagung, Liturgie, ewige und totale Kommunion der Liebe: „Gott alles in allem" (vgl. Kolosser 3,3; Epheser 2,19; 1 Johannes 3,1–2).

Mit den Engeln, den erlösten Menschen und der ganzen Schöpfung, die als „neuer Himmel und als neue Erde" (Jesaja 65,17; Kolosser 1,15–20; Epheser 1,3–14; 2 Petrus 3,13; Offenbarung 21,1) an der Voll-Endung und Herrlichkeit des Himmels teilnimmt, wird der Himmel zum Ereignis des dreifaltigen Gottes und der Vollendung seiner Liebe „in allem". Dann wird die größte

Formen des Rosenkranzgebetes 268

Liebe der Weltgeschichte Wirklichkeit: die Sehnsucht der Menschen und der ganzen Schöpfung (Römer 8,21–22) nach Gott, aber auch die göttlich-dreifaltige Sehnsucht nach den Menschen und dem Werk der Schöpfung.

Beten wir, daß in der Stunde des Hinübergehens in die Ewigkeit uns allen das froh und frei machende Wort zugerufen wird: „Tritt ein in die Freude deines Herrn" (Matthäus 25,21).

(kurze Pause)

Literaturhinweise

Albrecht, C., Psychologie des mystischen Bewußtseins. Bremen 1951

Balthasar, Hans Urs von, Der dreifache Kranz. Einsiedeln 1977²

Beissel, Stephan, Geschichte der Verehrung Marias in Deutschland während des Mittelalters. Freiburg 1909 (Neudruck: Darmstadt 1972)

Beissel, Stephan, Geschichte der Verehrung Marias im 16. und 17. Jahrhundert. Freiburg 1910

Dumoulin, Heinrich, Östliche Meditation und christliche Mystik. Freiburg 1966

Graber, Rudolf, Die marianischen Weltrundschreiben der Päpste in den letzten hundert Jahren. Würzburg 1954²

Graber, Rudolf, Directorium Spirituale. Regensburg 1971

Graber, Rudolf, Wochenrosenkranz. Würzburg 1981

Gruber, Elmar, Der Rosenkranz. Stationen des Glaubens. München 1988⁶

Guardini, Romano, Der Rosenkranz unserer lieben Frau. Würzburg 1940

Günter, H., Die Psychologie der Legende. Freiburg 1949

Heinz, A., Die Zisterzienser und die Anfänge des Rosenkranzes. In: Analecta Sacri Ordinis Cisterciensis 33. Rom 1977, S. 262–309

Holtz, Leonhard, Mysterium und Meditation. Rosenkranzbeten heute. Trier 1976

Jossen, Markus, Der Rosenkranz. Das Leben Jesu beten. Aschaffenburg 1985

Kirfel, Willibald, Der Rosenkranz. Ursprung und Ausbreitung. Walldorf – Hessen 1949

Kirsch, W., Handbuch des Rosenkranzes. Wien 1950

Klinkhammer, Karl Joseph, Adolf von Hessen und seine Werke. Der Rosenkranz in der geschichtlichen Situation seiner Entstehung und in seinem bleibenden Anliegen. Frankfurt a. M. 1972
Läpple, Alfred, Maria in der Glaubensverkündigung. St. Ottilien 1988
Linnewedel, J., Mystik, Meditation, Zen. Stuttgart 1975
Massa, W., Schweigen und Wort. Ich-Findung, Du-Findung, Gott-Findung. Kevelaer 1974
Moeller, Bernd, Die Frömmigkeit in Deutschland um 1500. In: Archiv für Reformationsgeschichte 56 (1965), S. 5–30
Ritz, Gislind, Der Rosenkranz. München 1962
Scherschel, Rainer, Der Rosenkranz – das Jesusgebet des Westens. Freiburg – Basel – Wien 1982²
Schlegel, Helmut, Das Rosenkranzgebet. München 1986
Söll, Georg, Mariologie (Handbuch der Dogmengeschichte III/4). Freiburg – Basel – Wien 1978
Wallhof, Hans, Perlen in unserer Hand. Vom Geheimnis des Rosenkranzes. Limburg a. d. Lahn 1991
Willam, Franz Michael, Geschichte und Gebetsschule des Rosenkranzes. Wien 1948
Willam, Franz Michael, Der Rosenkranz und das Menschenleben. Wien 1949
Wojtyla, Karol, Der Rosenkranz. Bilder und Betrachtungen. Freiburg – Basel – Wien 1981

Papst Paul VI., Apostolisches Mahnschreiben „Marialis cultus" (Über die Marienverehrung) vom 2. Februar 1974
Ausstellungskatalog „500 Jahre Rosenkranz". Köln 1975
Maria, die Mutter des Herrn. Hirtenwort der deutschen Bischöfe vom 30. April 1979

Liednachweis

Titel	Gotteslob Nr.	Seite
Allein Gott in der Höh sei Ehr	457	87
Aus tiefer Not schrei ich zu dir	163	134
Ave Maria des Lourdesliedes		57
Christi Mutter stand mit Schmerzen	584	179
Christus Sieger		74
Christus vincit		75
Das Heil der Welt, Herr Jesus Christ	547	132
Den Menschen, die aus dieser Zeit	661	254
Erde singe, daß es klinge	827	97
Fest soll mein Taufbund immer stehn	848	129
	(Gotteslob Erzbistum München und Freising)	
Gelobt seist du, Herr Jesu Christ	560	86
Im Frieden dein, o Herre mein	473	228
Komm, Schöpfer Geist, kehr bei uns ein	245	153
Lobet den Herren alle, die ihn ehren	671	138
Macht hoch die Tür	107	82
Maria, breit den Mantel aus	595	78, 139
Mein Herr und mein Gott, nimm alles von mir		84, 160
Mir nach, spricht Christus, unser Held	616	119
Nun bitten wir den Heiligen Geist	248	131
O Haupt voll Blut und Wunden	179	65, 136
O Jesu, all mein Leben bist du	472	109
Wir sind nur Gast auf Erden	656	233

© Christophorus Verlag, Freiburg i. Br.

Bildnachweis

1 „Psalterium des Alanus de Rupe", 1483, Holzschnitt: *Die Gesätzchen des freudenreichen Rosenkranzes*, S. 54
2 „Psalterium des Alanus de Rupe", 1483, Holzschnitt: *Die Gesätzchen des schmerzhaften Rosenkranzes*, S. 62
3 „Psalterium des Alanus de Rupe", 1483, Holzschnitt: *Die Gesätzchen des glorreichen Rosenkranzes*, S. 72
4 *Rosenkranzmadonna mit Kind*, Holzschnitt, S. 78
5 *Die Erde und die Gestirne* (Ausschnitt), Holzschnitt, S. 88
6 *Christus am Ölberg* (Matthäus 26,36–46 und Markus 14,32–42), Holzschnitt, S. 100
7 *Bergpredigt* (Matthäus 5–7), Holzschnitt, S. 110
8 *Christus als das Holz des Lebens*, Holzschnitt, S. 122
9 Thomas von Kempen, „Rosarium mysticum animae fidelis": *Taufe Christi* (Ausschnitt), Holzschnitt von Anton Woensam, Köln 1531, S. 140
10 *Maria als Ecclesia*, Darstellung eines Goldglases aus den römischen Katakomben, 4. Jahrhundert, S. 154
11 *Schmerzhafte Muttergottes*, Holzschnitt, S. 166
12 „Ecce homo" (Johannes 19,4–15), Holzschnitt, S. 182
13 *Muttergottes mit Kind*, Holzschnitt, schwäbisch um 1420–1440, S. 194
14 Jacob Sprenger, Band für die Kölner Rosenkranzbruderschaft: *Rosenkranzmuttergottes*, Holzschnitt, 1477, S. 206
15 *Heiligstes Herz Jesu*, Kupferstich, S. 218
16 Thomas von Kempen, „Rosarium mysticum animae fidelis": *Maria auf der Mondsichel im Rosenkranz*, Holzschnitt von Anton Woensam, Köln 1531, S. 230
17 Wolf Traut, *Der Rosenkranz und die sieben Sakramente* (Ausschnitt), Holzschnitt, 1510, S. 242
18 *Auferstehung Christi*, Holzschnitt, S. 256